2013年拉丁美洲经济展望

——面向结构调整的中小企业政策

经济合作与发展组织发展中心
联合国拉美经委会　主编

知识产权出版社
全国百佳图书出版单位

责任编辑：刘　睿　陈　璐　　　　　　　　　责任校对：董志英
文字编辑：陈　璐　　　　　　　　　　　　　责任出版：卢运霞

图书在版编目（CIP）数据

2013年拉丁美洲经济展望：面向结构调整的中小企业政策 / 经济合作与发展组织发展中心，联合国拉美经委会主编．—北京：知识产权出版社，2013.4
ISBN 978 - 7 - 5130 - 1977 - 4

Ⅰ.①2…　Ⅱ.①经…　②联…　Ⅲ.①中小企业 - 经济政策 - 研究 - 拉丁美洲　Ⅳ.①F279.730.43

中国版本图书馆 CIP 数据核字（2013）第 059895 号

2013年拉丁美洲经济展望——面向结构调整的中小企业政策
2013Nian Ladingmeizhou Jingji Zhanwang
——Mianxiang Jiegou Tiaozheng De Zhongxiao Qiye Zhengce
经济合作与发展组织发展中心　联合国拉美经委会　主编

出版发行：知识产权出版社
社　址：北京市海淀区马甸南村1号　　　　邮　编：100088
网　址：http：//www.cnipr.com　　　　　邮　箱：bjb@cnipr.com
发行电话：010 - 82000860 转 8101/8102　　传　真：010 - 82005070/82000893
责编电话：010 - 82000860/8113　　　　　责编邮箱：liurui@cnipr.com
印　刷：保定市中画美凯印刷有限公司　　　经　销：新华书店及相关销售网点
开　本：720mm×960mm　1/16　　　　　印　张：13.5
版　次：2013年5月第一版　　　　　　　印　次：2013年5月第一次印刷
字　数：206千字　　　　　　　　　　　定　价：35.00元
ISBN 978 - 7 - 5130 - 1977 - 4/F·602（4820）
京权图字：01 - 2013 - 2538

序　言

由于世界经济增长乏力以及不确定因素占据主导地位，拉美国家面临着复杂的经济局面。就应对总需求短期可能出现的下降局面而言，拉美地区宏观经济基本面依然保持稳固，但中期的环境不及上一个十年有利。鉴于外部需求疲软、拉美国家依然过度依赖的原材料价格波动加剧，未来几年中该地区的结构性缺陷将使其难以实现更快和更加包容的经济增长。

为应对上述挑战、巩固近年来在降低贫困和不平等等方面所取得的进步，拉美地区各国需要推动结构调整，以促进经济多元化，提高生产率，缩小生产和技术鸿沟。为实现这些目标，我们建议拉美各国政府在提高和改善有助于生产发展、创新、融资和教育等政策的制定和执行方面，加大力量。在当前背景下，各国间的合作和一体化也可以成为相互学习、增进经济活力的有效途径。

《2013 年拉丁美洲经济展望》将对上述议题加以分析。该报告也是经济合作与发展组织发展中心与联合国拉美经委会共同努力的结果。报告建议各国采取政策，致力于将拉美的中小企业打造成结构调整的主力，以提高其生产率和竞争力，最大限度地发挥其创造有质量的就业的潜力。

该报告希望传递的主要信息是，无论是旨在对现有企业进行现代化改造，还是鼓励在高附加值行业建立新的企业进入市场的政策，针对中小企业政策的制定需要考虑到这些企业及其所处环境的不同质性。

该报告也对拉美和 OECD 成员国的经验和最佳实践进行分析，并建议在产业升级、地区发展、打入国际市场和融入全球价值链方面制定专门政策。为应对长期挑战，拉美需要执行有助于改善中小企业金融可获性、增强竞争力和人力资源、推动创新以及鼓励信息通讯技术使用的政策。

我们希望这本在第二十二届加迪斯伊比利亚美洲国家元首和政府首脑峰会召开之际完成的报告，有助于拉美国家围绕增强中小企业作用进行的政策选项讨论。

阿里西亚·巴尔塞纳
联合国拉美经委员会执行秘书
安赫尔·古里亚
经济合作与发展组织秘书长

致　谢

本报告由联合国拉美经委会（ECLAC）与经济合作与发展组织（OECD）共同完成。

经济合作与发展组织发展中心的以下人员参加了本报告的撰写和修改，他们是：丹尼尔·阿德斯赫德、罗兰多·阿文达略、蒙塞拉特·波蒂、克里斯蒂安·达德、安娜·冈萨雷斯、哈姆莱特·古铁雷斯、安娜·詹科伍斯卡、阿尔内·那根加斯特、何塞·拉蒙·佩雷亚和胡安·巴斯克斯·萨莫拉。该写作小组由美洲部主任克里斯蒂安·达德领导、安娜·詹科伍斯卡负责协调。安娜·佩提卡勒和安娜·冈萨雷斯负责本报告在伊比利亚美洲峰会期间的发布。感谢发展中心主任马里奥·佩兹尼和副主任卡洛斯·阿尔瓦雷斯的贡献和指导。

同时，我们也感谢经合组织其他部门的同事们，他们在6月份的专家会上对报告的不同版本提出了指导意见，特别是贸易与农业司、公共治理和地方发展司、金融与企业事务司、经济司、创业、中小企业与地方发展中心、秘书长办公室和公共事务与联络司的同事们。

经合组织发展中心同样特别感谢西班牙经济和财政部、西班牙外交部、瑞士发展与合作处、西班牙对外银行保险和养老金部、西班牙电力公司对《拉丁美洲经济展望》报告给予的经济支持。

联合国拉美经委会的以下人员参加了本报告的撰写和修改，他们是：阿尔瓦罗·卡尔德隆、艾利萨·卡尔萨、卡洛斯·菲拉罗、安德莱亚·拉普那、桑德拉·曼努埃尔里多、威尔逊·佩雷斯、塞巴斯蒂安·罗维拉、皮艾特罗·桑托雷里、斯蒂芬尼·斯科特和乔万尼·司徒伯和胡安·巴斯克斯·萨莫拉。在拉美经委会产业发展和企业部主任马里奥·西莫利的领导下，该部的经济事务官员塞巴斯蒂安·罗维拉负责协调拉美经委会的写作小组。

本报告的作者还要感谢外部专家在2012年6月14~15日举行的专家会议上给予的意见和指导，特别是加布里埃尔·尤盖尔、克拉乌迪奥·柯尔特耶斯、马尔科·蒂尼、爱德华多·费尔南德斯－阿里亚斯、乌尔里奇·弗雷、松索雷斯·加耶戈、玛尔塔·帕切戈和西尔维亚·罗达多等专家提出的宝贵建议和意见。

最后，我们谨感谢拉美经委会文献出版部和经合组织发展中心出版和媒体部团队的工作，特别感谢里卡多·佩雷斯、克里斯多巴尔·圣塔克鲁兹、苏珊娜·马尔奇科、艾丽卡·弗卡拉齐奥、狄安娜·克林、艾伊达·布恩迪亚和凡达·勒格拉赫拉德在报告编辑、排版和出版方面的贡献。

目　录

图表目录

缩略语

ALC	拉美和加勒比
ANII	乌拉圭国家研究和创新署
APL	地方产业集群
BANCOLDEX	哥伦比亚企业发展和外贸银行
BANCOMEXT	墨西哥外贸银行
BICE	阿根廷投资和外贸银行
BID	美洲开发银行
BMI	萨尔瓦多多行业投资银行
BNA	阿根廷国民银行
BNDES	国家经济和社会发展银行
CASFOG	阿根廷企业和担保基金协会
CDPYME	萨尔瓦多小微企业发展中心
CEFOTECA	阿根廷制鞋业人力资源培养技术中心
CEPAL	联合国拉美和加勒比经济委员会
CFN	厄瓜多尔国家金融集团
CGAP	扶贫咨询集团
CITEC	皮革研究中心
COCHILCO	智利铜业委员会
COFIDE	秘鲁发展金融集团
CONICYT	智利科技研究国家委员会
CONOCER	墨西哥劳动竞争标准化认证委员会

CORFO	智利发展促进集团
CRM	消费者关系管理
CTI	科学、技术与创新
DINAPYME	乌拉圭国家手工业者、中小企业局
DNI	乌拉圭国家工业局
EGC	信贷担保计划
EMG	担保互助计划
EPG	公共担保计划
ERP	企业资源规划
EQF-MEC	欧洲终身学习资格框架
FAMPE	巴西小微企业担保基金
FANPYME	墨西哥中小微企业扶持基金
FIA	智利农业创新基金会
FIDECAP	墨西哥促进产业链融合基金
FINEP	巴西研究与项目金融公司
FMI	国际货币基金组织
FNG	哥伦比亚国家担保基金
FOAFI	墨西哥中小微企业融资基金
FOGABA	布宜诺斯艾利斯担保基金
FOGAIN	智利投资担保基金
FOGAPE	智利小企业主担保基金
FOMIPYME	哥伦比亚中小微企业现代化与创新基金
FONDEF	智利科技发展促进基金
FONTEC	智利生产技术发展国家基金
GDF	全球发展融资数据库
GTP APL	巴西地方产业集群常设工作组
I + D	研究与发展
IPP	职业培训机构
IFS	国际金融统计

INET	阿根廷国家技术教育协会
INFOTEP	多米尼加共和国国家职业技术培训协会
INTA	阿根廷国家农牧技术协会
INTI	阿根廷国家工业技术协会
ISP	互联网服务供应商
KMS	知识管理系统
NAFIN	墨西哥国家金融集团
OECD	经济合作与发展组织
OEA	美洲国家组织
OEDE	阿根廷企业就业与活力观察站
OIT	国际劳工组织
MDIC	巴西发展、工业与外贸部
MIEM	乌拉圭工业、能源与矿业部
PEMEX	墨西哥国家石油公司
PIAAC	国际成人学习能力评估计划
PIB	国内生产总值
PISA	国际学生评估项目
PROFO	智利联合发展项目
PROIMPE	巴西小微企业信息技术使用激励项目
Pymes	中小企业
SEBRAE	巴西小微企业帮扶体系
SENA	哥伦比亚国家培训体系
SENAI	巴西国家工业培训体系
SENATI	秘鲁国家工业培训体系
SENCE	智利国家培训与就业体系
SEPYME	阿根廷中小企业与地区发展秘书处
SERCOTEC	智利技术合作体系
SGR	相互担保协会
SNI	国家创新体系

SPYME	墨西哥中小企业秘书处
TIC	信息和通讯技术
UTN FRA	阿根廷国家科技大学 Avellaneda 地区分校
UIT	国际电信联盟
UTU	乌拉圭劳动大学

概　览

从短期看，拉美地区将继续保持相对较高的增长率，且在必要时具有采取反周期政策的空间。然而，该地区将在中期面临复杂的局面。外需的下降将使目前拉美许多国家基于自然资源开采的低附加值增长模式的局限性暴露无遗。拉美各国政府目前应采取与短期宏观经济政策相一致的措施，通过多元化和更多地引入知识来加强生产结构，克服结构性不同质的问题。拉美国家的中小企业应该成为结构调整和生产率提高的主角。这方面的努力需要各国改变中小企业政策的视角。只有各国的基础设施、服务供应以及行业政策之间更加一致、连贯和协调，其中小企业政策才能起到效果。特别值得一提的是，融资、竞争力、培训、创新体系和科技应用以及产业对接方面的政策有助于帮助中小企业克服瓶颈。但需要对行业、体制和地区的特点加以考虑。与此同时，在政策设计上，还要考虑到拉美的中小企业作为一个整体的不同质性，其发展需求和潜力也各不相同。为实现上述任务，需要建立能够引领复杂进程且具备适应生产部门需求变化的灵活性的机制。

拉美经济前景保持相对乐观，但在外部背景下的不确定性和波动性增加。在保持了几乎十年的连续增长（仅 2009 年有所中断）之后，最新的预测显示，2012 年拉美地区的 GDP 增长将达到 3.2%，2013 年将达到 4%。也就是说，在预计通胀下降的同时，拉美经济增速将有所放缓。短期看，与世界形势相比，拉美的表现是可以接受的，并将继续保持经济稳定。2012 年和 2013 年的全球经济形势特点是，受欧元区财政、金融脆弱性和高失业率等问题的影响，世界经济增长缓慢。此外，尽管美国的经济增速高于欧元区，经济增长的基础却并不稳定，且 2013 年存在财政严重收缩的风险。

在发达国家保持低速增长的同时，对于世界增长特别是拉美地区增长发挥着重要引擎作用的中国、印度等经济体也出现了一定程度的减速。

短期看，风险将主要通过贸易渠道显现。但必要时依然存在通过实施财政和货币政策减缓风险的空间。根据出口产品种类和目的地多元化程度的不同以及国内市场规模和活力的差异，该风险对拉美各国的影响不尽相同。部分原材料国际价格的短期潜在下跌，将影响许多出口这些原材料的国家。影响不仅表现为贸易账户的恶化，也会导致财政收入的减少。尽管这有助于减少食品和燃料净进口国，特别是中美洲和加勒比国家的压力。虽然资本流入逆转也可能通过金融渠道增加风险，但拉美各国的国际储备得到了显著加强，平均占GDP的16%。许多拉美国家外部债务水平低，债务结构风险小（就地区平均而言，短期外债占全部债务的15%左右），并能够获得国际紧急流动性融资。这些因素均有助于大多数国家避免因缺乏外部融资而导致的经济萎缩。此外，近年来，各国宏观经济的良好表现以及审慎的宏观经济政策管理也增强了各国的地位。另一方面，鉴于公共债务水平相对较低（平均占GDP的39%）、预算总体平衡（平均相当于GDP的-1.8%），各国在总需求下降时，具备采取财政刺激措施的空间。此外，从货币政策的角度看，由于各国近年来采取的宏观审慎监管等措施，通胀预期保持良好，过热风险得以控制。因此，如果外部形势需要，也存在采取货币扩张政策的空间。

然而，突出的宏观经济挑战可能导致拉美经济中期减速，并影响各国生产率提高、生产多元化，造成结构性差异的持续存在。为克服危机，OECD成员国结构性问题的解决将在未来几年中带来巨大的不确定性。因为，在许多情况下，需要进行的机制改革和调整将会是大规模的且实施缓慢的。在发达经济体维持低利率的背景下，这一不确定性将可能导致资本流动加剧和原材料价格的大幅波动，并加剧汇率的变动。这会损害地区某些贸易部门的竞争力，妨碍生产的多元化，并制约未来增长的能力。正如近年来的情形一样，地区资本流入的增加会带来某些资产价格不可持续的上升和信贷过度扩张，从而导致宏观经济失衡，对经济增长造成显著影响。在亚洲增长放缓和结构变化导致原材料价格下降的情况下，拉美国家为克服结构性缺陷的举措进行融资的宏观经济空间减少。这些举措包括，通过基础设施领域的投资增强整个贸易部门的竞争力等。这也将暴露许多国家的产业结构，以及基于自然资源出口和低附加值的现有增长模式的局限性。

另一方面，需要保证短期稳定政策与增加潜在增长率的结构性措施之间的协调。进一步推进地区一体化是应对发达国家需求减少的有效手段，并能够增加非传统部门和领域的动态优势，促进出口多样化。经济政策可以提供各种应对汇率升值和原材料价格剧烈波动风险的手段，包括汇率干预、宏观审慎监管和财政政策。这些手段能够针对升值的原因和特点增强其他贸易部门的竞争力。与此同时，可以通过推动基础设施、创新和人力资本等领域的投资，促进产业转型和多元化。包括稳定基金和财政政策在内的财政制度和手段可用于降低汇率波动，为增加有助于提高竞争力的额外投资提供可持续的财政空间。

为保持和巩固拉美地区近年来在降低贫困和不平等程度方面取得的进展，需要提高潜在的增长水平，提高增长的包容性。由于更多、更好地执行了社会政策，以及劳动就业市场繁荣带来的工资增加，大部分拉美国家成功地将近年来的高增长率与贫困和不平等程度的降低结合起来。特别是在考虑到全球范围不平等程度出现上升趋势的情况下，这些成绩来之不易。但地区所面临的挑战仍然巨大。拉美仍是全世界最不平等的地区之一，贫困人口仍占总人口的31%。因此，需要提高增长率，加强增长的包容性。为朝这一方向改变增长模式，拉美各国政府需要加大对教育领域的投资，以提升能力，扩大机会；加大基础设施投入，以提高竞争力；更多投资于创新，以促进知识的引进。总而言之，拉美各国需要改善监管和营商环境。改革的优先内容因国而异，但提高增长水平和包容程度却是几乎所有国家面临的共同挑战。

在这一背景下，中小企业扮演着提高拉美潜在增长率的关键角色。这部分企业的特点是，在市场进入、技术、人力资本以及与其他企业的联系方面存在巨大的不同质性。这些因素也影响了企业的生产率、出口能力以及潜在增长水平。一方面，中小企业是拉美各国生产体系中的基本组成部分，它们占地区企业总数的99%，雇佣员工数占全部职工数的67%；另一方面，拉美大企业的生产率甚至是微型企业的33倍、小企业的6倍，而这一比例在OECD成员国中仅在1.3~2.4倍。拉美仅有10%的中小企业将部分产品用于出口，而OECD成员国中至少40%的中小企业将产品用于出口。拉美的中小企业具有很强的不同质性，既有处于非正规状态的自主就业的微型企业，也包括效率高、出口能力强的创新型企业。通过实施连贯、协调的政策，中小企业可以成为结构调整的主体，有助于提高生产率。这也能使其对大型企业的规模经济构成补充。微型企业收入的增加及其脆弱性的降低也有利于促进社会包容。鉴于中小企业既能发挥重要作用，又十分薄弱，通过上述措施的实施能够克服拉美经济中的诸多结构性缺陷。

公共政策应有助于中小企业发展，消除其面临的障碍，从而缩小其与其他企业间的差距，使其能够成为结构调整的主体。为实现这一目标，中小企业政策应考虑四个关键因素：第一，中小企业通常遇到的问题不是因为规模小，而是因为孤立，从而其生产无法实现必要的规模和专业分工。因此，针对中小企业所组成的集群或产业链的政策往往更有效。中小企业的不同质性要求针对企业的类型实施政策，区别在本地市场运行的微型企业与竞争力强的出口企业集群间的不同政策需求。不存在唯一的政策，应该根据行业、集群或地区的特点制定专门政策。第二，鉴于政策间的互动和互补十分重要，需要加强行业政策、基础设施与服务政策之间的协调，解决中小企业在发展生产方面所面临的突出瓶颈。第三，除了上述横向政策协调之外，也需要加强纵向协调。因为，各国地方和地区政府在制定企业集群和产业链帮扶政策方面也扮演着重要角色。最后，考虑到中小企业所需的成熟期较长，相关政策应该更具针对性，做到目标明确，并能够持续执行。这些政策不仅需要关注资金投入，更应该注重特定的中间产品和服务的提供，并建立监督和评估机制，对政策加以纠正和改进。

需要加强各经济主体之间的联系，提高辅助机构的效能和效率，以增强拉美中小企业的生产率和竞争力。创造企业间合作的空间有助于形成竞争优势和外溢效应，从而巩固和促进企业的现代化进程。在金融抑制的背景下，公共政策的行动空间以及投资需求受到限制。而在很多情况下，投资需求也超出了单个企业的能力所及。因此，在中小企业激励计划中纳入企业间合作的部分有助于降低相关计划的运营成本。这也可以使帮扶措施的固定成本在更多的受益者之间进行分摊，从而提高效率和覆盖率。

这些计划需要辅以在时间上具备可预见性的商业方案，还需要为此确定相关监管框架。这一框架应包括根据适当宏观经济环境制定的跟踪体系以及一系列规则。从拉美地区以及OECD成员国的成功经验出发，可以找到一系列确保产业联合机制运行良好、有效实施的基本条件：(1) 将这些机制与产业和创新政策以及国家发展战略相结合；(2) 机制运营的分散化，以改善不同地区受益企业的可获性；(3) 各方，特别是公共部门参与的意愿，以通过参与性的进程一致确定具有短、中、长期目标的行动计划。中小企业帮扶联合计划的主要目标在于传播市场和技术信息、采纳新工艺和技术、促进和推动资源、知识和技能的交流和互补进程，以及巩固有助于各方进行对话和交流的信任基础。拉美产业联合计划的最常见形式包括企业网络、集群和包含地方竞争因素在内的各种计划。

在将产业集群融入全球价值链方面，地区中小企业及其所处行业的机遇与挑战并存。近20年来，国际产业结构向着全球联合生产体系方向转型。生产过程的细分，为拉美中小企业，特别是那些在狭小的国内市场环境中经营的企业，开辟了新的市场机遇。将企业集群和网络纳入全球价值链有助于出口的多元化，创造新的就业岗位，以及按照国际最佳实践获得额外的技术能力，从而增强竞争力。然而，与之关联的、对于国内经济的分配和溢出效应在不同情况下并非完全一致。中小企业从产品、生产过程或其在价值链作用升级中获益的程度取决于企业治理、行业特点等因素。虽然相关战略也面临挑战，但拉美各国政府、非政府组织和跨国企业仍在不断扩大通过各种政策支持地区中小企业融入全球价值链的行动和计划。相关计划包括供应商发展、增强外部市场和国内现有产业链信息获取，以及以获得产业链内部不同生产阶段所需特定技能为目的的校企联合培训等。

上述考虑应该成为界定中小企业政策框架的主要特点。这一政策框架应该结合产业和地区发展政策，并与其他政策领域相协调。对以下三个领域进行政策干预格外有助于打破制约拉美中小企业发展的瓶颈：金融可获性，特别包括信息和通讯技术在内的创新和技术政策，以及技能和人力资本发展。

金融可获性是中小企业发展所面临的主要障碍之一。拉美投向中小企业的信贷仅占信贷总额的12%，这与OECD成员国的25%形成了鲜明对

比。拉美每三家小企业中，就有一家认为金融可获性是其发展的严重障碍。与大企业相比，中小企业在银行长期融资成本方面也处于劣势。在一些国家，中小企业获得的借款利率比大企业高得多，甚至达到后者资金成本的两倍。这一差别可以部分归咎于地区信贷模式的转变，即从关系型银行转向多种服务银行框架。然而，转型并未带来拉美净利差的下降，8.6%的净利差仍显著高于OECD国家2.7%的水平。这显示出拉美在金融结构以及竞争程度方面存在的问题。其他一些因素，如金融业与中小企业间持续存在的信息不对称和缺乏抵押品等，也显示出拉美国家需要针对企业需求，并根据其所处行业、发展阶段和战略潜力等因素提供创新性的解决方案。

为弥补商业银行发放长期信贷的不足，公共金融机构正通过包括提供担保、长期信贷额度等在内的符合中小企业需求的措施，为这些企业提供支持。这类金融机构占拉美银行体系的比重很高。由于2000~2009年期间每年15%的持续信贷增长，其占全部信贷余额的比重达到23%（6 000亿美元）。这也使得各国的国家担保体系的覆盖面显著扩大。发展银行近来在其服务项目中不断加强除了信贷和担保外的新型服务的供应，包括信用卡、电子交易系统以及代理业务。这些业务有利于中小企业，特别是那些融入价值链的企业，为其提供了更多的流动性，改善了它们的现金流，并降低了坏账风险。为促进新企业的建立，并为改善因缺乏信贷历史而难以获得融资的新企业的信贷可获性，拉美各国政府根据企业发展的不同阶段（酝酿、起步、成长、巩固）制定了各种专门计划。这些计划包括巴西研究与项目金融公司（FINEP）的“创新计划”、墨西哥国家金融集团（NAFIN）的“创业者计划”以及智利发展促进集团（CORFO）的“天使投资网络”。这些计划包含不同的支持手段和参与者（孵化器、种子基金、天使基金和风投），以提供各种长期投资的新模式。

在创新领域，中小企业面临着巨大制约，其不佳表现也因为其他领域现存的制约而恶化。这部分是因为企业规模较小，从而降低了其在生产中使用技术的可能性。鉴于与创新活动相关联的风险较高，中小企业需要加强与其他企业的合作与联系，以提高其创新能力。信贷困难以及高素质人员的缺乏也是造成拉美企业创新不足的原因。此外，这些企业与各个国家创新体系的主体之间联系水平低。因此，更加需要加强不同产业政策间的协调，以增强中小企业在创新领域的系统性联系。需要改善公共政策的设计，使其有利于创新以及地区企业对技术的引入和使用，并加强基础设施建设、基础实验室投资和人力资源培养，利用好各类针对中小企业的鼓励创新计划。

加强信息通讯技术的使用有助于提高中小企业的竞争力，使其能以更小的成本融入国际市场和改善管理。然而，尽管拉美的中小企业在使用包括移动和固定电话在内的基本信息和通讯技术方面与大企业类似，两者在包括拥有网站或内部网络在内的更为高级的技术方面依然存在较大差距。例如，阿根廷 49% 的小企业有自己的网站，而大企业的这一比例达 83%。巴西、智利和哥伦比亚的这一差距则更大。对地区企业而言，获得宽带服务是在生产中有效使用信息和通讯技术的基础。但拉美国家宽带的使用率远低于发达国家和地区。需要通过增加基础设施、改善可获性条件和服务质量的政策和战略来弥补这一差距。尽管大多数拉美国家将数码发展作为技术推广政策的一部分，却仅有 11 个国家在其中纳入了有关在生产性行业使用信息和通讯技术的内容。

拉美在教育和技能上的落后是其中小企业所面临的另一个主要差距。劳动力和企业主的受教育程度低、辍学所引发的各类问题，以及反映在 OECD 学生国际评估计划（PISA）成绩中的教育质量不足，构成中小企业发展和生产率提高所面临的巨大障碍。此外，拉美地区生产部分所需技能与教育体系所提供教育培养之间存在严重脱节。拉美地区 37% 的企业难以找到受过良好培训的员工，这成为其面临的主要障碍之一。这一比例高于世界和其他发展中地区的平均水平。

为克服上述障碍，需要加强教育体系与生产部门之间的联系。中小企业面临着与地区教育不足相联系的巨大挑战，这也制约了生产率的发展和提高。加强公共政策横向联系的关键建议是，发展和加强教育和职业培训体系与生产部门之间的联系。这要求在企业主、职工与教育者之间开展顺畅的对话，并形成能够预见劳动力市场需求的机制。地区各国应推动形成培养路线图，将课堂教学与岗位培训结合起来，并在劳动者职业生涯期间进行不断培训。加强教育培养的“软技能”是另一项重点。它包括总体技能和横向技能，可以与职业发展相结合，并通过更多的技术手段适应劳动力市场要求的变化和工作环境。最后，需要建立和加强激励机制和制度，使中小企业能够对员工进行内部培训，并更多地参加外部培训计划。需要加强中小企业网络建设，以产生协同效应，利用规模经济，并为培训计划以及培训中信息通讯技术的使用建立财政激励框架。

第一章　宏观经济概览

本章将对拉美未来几年的宏观经济主要趋势进行分析。从短期看，拉美将保持平稳的经济增长水平，但国际环境存在高度的不确定性。拉美国家尚具备一定的财政和货币空间，以应对总需求下降的可能性，尽管目前的情况表明，发达国家可能进入长期的低增长周期。为应对这一局面，拉美国家需要确保宏观稳定政策与提高中期经济增速所必需的措施之间的连贯性，推动结构转型进程。进一步推进地区一体化也是应对发达国家需求疲软的有效手段，这也有助于加强非传统部门和产业的竞争优势。拉美需要特别关注汇率波动。在很多情况下，这一波动会对与原材料没有联系的部门的竞争力构成威胁。当前各国宏观经济政策所面临的挑战之一在于，找准导致这一波动的原因，并通过适当手段降低波动。

导　言

本章将介绍拉美短期的宏观经济形势及某些结构性现象。为此，本章分为以下五节：第一节，简要分析全球经济低速增长、高度不确定性以及剧烈波动对拉美和加勒比地区的经济增长、通胀、就业和工资水平等方面产生的影响；第二节，分析拉美应对短期外部贸易和金融冲击的准备情况；第三节，介绍拉美采取反周期措施的财政和货币政策空间，以及可以采取的具体手段；第四节，分析在需求疲软的外部背景下拉美的中期增长前景，以及这一背景对该地区的影响；第五节，就拉美地区所面临的主要挑战作出简要结论，并就如何在不利的外部环境和不确定性增加的背景下保持地区经济增长进行一些探讨。

拉丁美洲经济形势和国际环境

2012 年，在主要源自外部环境的高度不确定性和波动性的背景下，拉美和加勒比地区将继续保持稳定增长。最近的预测指出，2012 年该地区的 GDP 增速将达到 3.2% 左右，并在 2013 年达到 4% （CEPAL, 2012a）。如果将其与该地区的历史表现相比较，会发现这些数据具有积极意义。若将其与针对发达国家的预测相对比则更为如此。后者的预期增速要比拉美低得多。然而，需要指出的是，这些预测仍面临着较高程度的不确定性和复杂的风险，很难就其对拉美经济的影响进行量化评估。

2012 年和 2013 年拉美和加勒比经济增长预期分别为 3.2% 和 4%

拉美和加勒比地区国家的经济增长和通胀出现了放缓的迹象，尽管劳动力市场仍保持旺盛。2012 年第一季度，由于内需强劲（见表 1.1），GDP 增速放缓的趋势得到部分遏制。总的来看，私人部门消费持续扩张，成为 2011 年地区经济增长的主要原因。这得益于劳动力市场在创造就业（包括数量和质量）与薪资两方面的良好表现。此外，流向私人部门的信贷持续增长。2012 年前几个月，该地区大多数国家的通货膨胀保持了自 2011 年最后一个季度开始的下行态势。截至 2012 年 7 月的 12 个月中，拉美和加勒比地区的累计平均通胀率为 5.5% 。这一数字在 2011 年 3 月和 12 月则分别为 6.7% 和 7% 。

2012 年第一季度，基础产品国际价格的下跌导致出口额增长放缓，但侨汇和旅游收入的增加则对此有所补偿。自 2011 年第三季度起，拉美地区大多数国家出现了出口总额放缓的现象。从该地区整体情况看，出口年增长率从 2011 年第二季度的 29.3% 下降至 2012 年第一季度的 10.4% 。自 2011 年年初开始，该地区对欧盟的出口出现大幅下降。

表 1.1　拉美[a]和加勒比国家 2011～2012 年经济指标

（同比增长，%）

国别	2011 年				2012 年	
	Ⅰ	Ⅱ	Ⅲ	Ⅳ	Ⅰ	Ⅱ
阿根廷	9.9	9.1	9.3	7.3	5.2	0.0[c]
玻利维亚	5.6	4.2	5.4	5.5	5.1	5.1[b]
巴西[d]	4.2	3.3	2.1	1.4	0.8	0.5
智利	9.9	6.3	3.7	4.5	5.3	5.5[c]
哥伦比亚[d]	5.0	5.1	7.5	6.1	4.7	4.9
哥斯达黎加	1.9	3.6	4.6	5.4	7.9	5.7[c]
厄瓜多尔[d]	8.8	8.5	7.8	6.1	4.8	—
萨尔瓦多	4.4	2.0	4.0	0.6	1.8	0.5[c]
危地马拉	4.8	4.1	3.3	4.6	3.3	3.6[c]
洪都拉斯	5.8	5.1	4.8	6.7	5.3	5.0[c]
墨西哥	4.4	3.1	4.3	3.9	4.5	4.1
尼加拉瓜	8.5	7.8	6.5	4.9	5.8	4.6[c]
巴拿马	5.9	8.5	7.0	9.8	9.4	9.6[c]
巴拉圭	7.0	4.6	2.8	1.9	-2.6	-3.4[b]
秘鲁	8.6	6.9	6.6	5.6	6.1	6.1[c]
多米尼加[d]	4.3	3.6	4.6	5.1	3.8	3.8
乌拉圭[d]	6.7	5.1	7.7	3.5	4.2	3.8
委内瑞拉[d]	4.8	2.6	4.4	4.9	5.8	5.4
拉美[e]	5.7	4.3	4.3	3.6	3.6	2.4

注：a，数据为经济活动变化率。仅在没有经济活动月变化率数据的国家，使用季度 GDP 代替。墨西哥虽然有经济活动变化率，但仍采用了 GDP 数据；

b，2012 年 4～5 月平均值与 2011 年同期相比的变化；

c，2012 年 4～6 月平均值与 2011 年同期平均值变化；

d，季度 GDP 与上一年同期的变化；

e，为地区加权平均值。

资料来源：《拉美和加勒比经济研究，2011～2012》，CEPAL（2012a）。

2012～2013 年，全球外部环境的特点为世界经济低速增长，并存在长期化的威胁。与此同时，发达国家仍未能解决过度负债和失业等问题，新兴经济体尚未改变支出结构，世界需求却增长了。全球实体经济和金融部门的剧烈波动也将持续。由于经济低速增长、融资需求高，可以预见的是，部分发达国家在主权债务的可持续性方面将遭遇更多的信心问题。虽然这也很可能导致它们通过采取金融、货币和财政措施来解决流动性和偿付力问题，但其代价是高度的不确定性。

2012年，分析经济形势时需加以考虑的主要前提包括：（1）美国经济将保持平缓、多变的增长；（2）欧元区国家GDP保持低速增长，甚至在一些情况下会出现负增长，但其主权债务问题不会导致全球性金融危机；（3）中国和印度经济增长减速，但主要是周期性减速，且增速仍高于拉美和加勒比地区。

国际外部环境给拉美地区带来的影响因国而异，并在很大程度上取决于根据市场和产品确定的出口结构

正如下文所分析的那样，国际环境对拉美各国带来的影响各不相同，并在很大程度上取决于各国出口目的地市场的相对重要性及其出口结构。墨西哥和一些中美洲及加勒比国家将受益于美国经济的缓慢复苏；基础产品生产和出口国则更取决于作为这些产品主要出口目的地的亚洲经济体的表现。

2013年，低速增长的国际环境将表现为世界经济缺乏活力。欧元区国家的形势将继续受到家庭去债务化、银行资本和资产重组导致的信贷抑制、失业和悲观预期带来的内需不振，以及财政激励不足甚至反向激励等因素的影响。鉴于其他发达国家的经历表明，克服相似的情况至少需要3～4年，这一经济增长乏力的局面可能持续数年之久。就美国而言，2013年的风险主要在于增速放缓。这将取决于美国如何解决债务以及迫在眉睫的2012年年底将启动的财政悬崖问题。中国对全球总需求的影响需要取决于该国是否能迅速地完成支出模式的转型，即从高投资支出转变为内需扩张。初步估算显示，尽管中国消费者近年来实际收入出现增加，消费增加的乘数效应仍不足以弥补投资水平的预期下降。而投资水平的下降则是因为，近几年来过高的投资水平（接近GDP的50%）带来了大量的产能过剩。一些研究指出，中国经济增长放缓，特别是增长结构的变化（例如投资率降低）将对世界进口需求，尤其是一些金属的国际价格产生重要的外溢效应。例如，一些铜生产国将比粮食和农业原料出口国更受中国基础设施建设需求降低带来的风险的影响。[1]因此，来自中国的风险也促使增长下行。

短期影响

为评估拉美国家面对风险的准备程度如何，需要根据每个国家的风险敞口，及其基于经济结构和宏观政策空间的抗风险能力等因素，区分风险的潜在影响。下面，将分析该地区面对贸易和金融冲击的风险敞口情况、不同宏观经济抗风险措施的效率，以及反周期政策的可利用空间。

两个有助于对拉美国家外部风险敞口进行评估的指标分别是出口占GDP的比重和出口对需求增长的贡献率

从贸易角度看，各国的风险暴露程度以及可能采取的抵御措施各不相同。出口相对于GDP（按美元现价计算）的重要性，以及出口对于国内收入增长的贡献率，是可以用来对风险暴露程度进行分析的两个指标。拉美在发达国家工作的移民的侨汇收入水平，也是用以衡量经济增长从发达国家向发展中国家传导程度的另一指标。对这些指标进行比较，反映出不同的情况（见表1.2）。一方面，在一些国内市场较大的国家，如巴西和哥伦比亚，外需的重要性相对较低。在这些国家，2011年，出口占GDP的比重低于20%，其对收入增长的贡献率在2000～2010年也低于20%。侨汇的重要性在这些国家也不突出。另一方面，在另一些国家外需（小型开放型经济体）和（或）侨汇（特别是中美洲和加勒比国家）则十分重要，它们面对风险的暴露程度则更高。

表 1.2 拉美和加勒比国家经常账户风险敞口和抗风险冲击指标

国别	风险敞口指标			出口多元化指标	
	出口（占 GDP 百分比）	出口对名义 GDP 增长的贡献率[a]（百分比）	侨汇收入（占 GDP 百分比）	产品集中度指数[b]	市场集中度指数[b]
阿根廷	21.7	49.0	0.2	0.0	0.1
玻利维亚	41.2	56.2	5.5	0.2	0.2
巴西	11.2	10.8	0.2	0.0	0.1
智利	38.7	41.3	0.0	0.2	0.1
哥伦比亚	15.7	15.6	1.4	0.2	0.2
哥斯达黎加	38.1	35.2	1.5	0.1	0.2
厄瓜多尔	32.9	36.5	4.4	0.3	0.2
萨尔瓦多	26.2	26.8	16.3	0.1	0.3
危地马拉	25.1	22.5	10.3	0.4	0.2
洪都拉斯	43.9	36.6	17.2	0.1	0.3
牙买加	25.6	70.8	14.1	0.2	0.3
墨西哥	30.3	34.4	2.1	0.0	0.6
尼加拉瓜	41.3	72.7	12.6	0.1	0.1
巴拿马	65.2	59.3	0.9	0.1	0.1
巴拉圭	57.1	69.2	3.7	0.2	0.1
秘鲁	25.1	30.1	1.6	0.1	0.1
多米尼加	22.3	11.6	6.5	0.0	0.3
乌拉圭	26.9	38.5	0.7	0.1	0.1
委内瑞拉	28.7	31.4	0.0	0.5	0.3
平均值	**32.5**	**39.4**	**5.2**	**0.1**	**0.2**

注：此为 2011 年数据。其中，部分集中度指数采用了 2010 年或 2009 年数据。

a，这一指数为 2000 ~ 2010 年期间，按市价美元计算的 GDP 变化与同期按名义美元计算的出口变化之比；

b，两个集中度指数均出自 Hirschman-Herfindahl，其值在 0 ~ 1 之间变化。越接近 0 代表多元化水平越高，越接近 1 则表示集中程度越高。原始数据包括了再出口，且仅限于商品出口。

资料来源：CEPAL 的 SIGCI 数据库、世界银行《2012 年世界发展指数》。

出口产品和市场的多元化是经济体抵御外部需求冲击的重要结构性基

础之一。一国的出口越多元化，其应对外部动荡的机动性就越大。在当前的形势下，调整如原材料等标准化产品的出口，要比改变根据目标市场特点而生产的产品出口更加容易。外部实际冲击对拉美地区各国带来的影响更多是因为出口多元化程度不足，而不是贸易开放度过高。对更多新兴发展中国家的分析得出相似的结论。在新型发展中国家从2008～2009年全球危机中复苏的过程中，向高收入国家出口的集中程度过高成为负面因素，而经济开放程度则发挥了促进增长的积极作用（见专栏1.1）。外部脆弱性则成为一个需要根据情况进行逐一分析的多层次概念。风险暴露程度和抵御能力的演变，反映出绝大部分国家在近几十年中所取得的进步，但出口结构仍显相对集中，成为一个扩大外部冲击的因素（OECD，2010）。

与此同时，原材料价格的波动会对各国的外部账户产生冲击，也会对那些更加集中于自然资源生产和出口国家的财政账户带来影响。在该地区的许多国家，这部分收入占全部财政收入的比重很大。它既包括国有企业纳入财政账户或上缴国库的收入（例如墨西哥石油公司或智利铜公司），也包括向有关行业的企业征收资源税或利润税的所得（例如秘鲁的矿业）。[2]原材料价格的下降会对这些国家的财政收入带来消极影响，从而削弱其应对风险的能力。在外部账户方面，原材料价格下降和贸易条件恶化会带来出口收入的减少，从而影响贸易收支。在中美洲，就总体而言，效果恰恰相反。因为该地区是食品和燃料的净进口地区。上述产品国际价格的下降会对其贸易条件带来积极影响。然而，无论如何，鉴于该地区的许多国家针对电力生产采取了补贴政策，国际能源价格的上涨或许从财政上对其造成损害。加勒比地区的情况则喜忧参半。该地区的部分经济体更集中于自然资源的生产和出口，另一些则是上述产品的净进口国。

拉美地区的金融形势在21世纪前十年中得到显著改善，并未受2008～2009年危机的过多影响

第二条重要的国际传导渠道是金融。从这一角度看，近十年来该地区的整体形势出现了显著改善，并未受到2008～2009年危机的过多影响。2010年，拉美的平均外债水平与2009年之前基本持平，高于GDP的1.2%

的水平。仅在牙买加和尼加拉瓜等国出现了外债水平大幅超过2008年的情况，而在一些国家甚至出现了一定程度的降低（见表1.3）。私人部门的负债趋势也很相似。一方面，拉美私人部门与国际金融市场的融合程度继续增加——体现在与其他国家有关的资产和负债增加；另一方面，私人部门也降低了净负债水平（BID，2012）。拉美地区保持了国际金融市场的准入，国家风险指数也继续处于相对较低水平。从资金流动的角度看，与2003～2008年相比，经常项目余额出现轻微恶化，2011年下降了不到GDP的2%。然而，拉美地区大部分国家特别是那些融入国际金融市场程度高并因此容易受到全球风险偏好改变影响的那些国家，它们的经常项目逆差并不很高，或者比较容易受资本流动骤停的影响。

一些因素有助于减轻骤停风险和国际资本市场中断带来的融资问题。本节强调一国收支平衡表的某些部分，如外部负债特点和流动资产的可变现性。按照占GDP的比重及与短期外债之比计算，拉美地区的国际储备保持在较高的水平。2011年年底，该地区的国际储备高出2008年年末GDP的1个百分点。短期债务占总债务的比例较小，约为15%。最新数据显示，所有国家的国际储备均百分之百超过了短期债务。尽管各国具体情况不同，上述两项指标均显示，总体上大多数国家能够有较强实力应对短期外部融资问题。从国际上看，紧急信贷额度以及央行间货币互换的扩大有助于降低相关风险。

欧洲银行主要通过设立分行形式进入拉美市场。这些分行拥有自有资本，立足地方市场，受所在国的监管。这也大大降低与欧洲金融问题相关的风险。然而，如果欧元区危机加剧，也可能带来地方市场信贷的减少。在总行撤回授予分行信贷额度的情况下，可能会对拉美地区的实体经济和金融稳定造成影响。虽然统计数据显示，流向拉美地区的外部银行融资出现些许减少，但下降的幅度较低，在通过汇率变动加以调整的情况下更是如此。总体上看，在拉美地区经营的国际银行资产和融资状况稳健，如智利（智利中央银行，2012）。然而，一些加勒比国家更易受国际银行融资下降的影响（BID，2012）。无论如何，拉美和加勒比各国的央行和银监会应对在拉美运营的欧洲银行潜在的抛售资产情况有所防范。

表 1.3　拉美和加勒比国家资本账户风险敞口及抵御冲击能力指标

国别	外部债务（占国民生产净值百分比）			经常账户余额（占 GDP 百分比）			抵御冲击指标		
	2008	2010	差值	2003～2008	2011	差值	储备（占 GDP 百分比）	短期外债（占全部债务百分比）	短期债务（占储备的百分比）
阿根廷	37.2	36.1	-1.1	3.0	-0.5	-3.5	10.3	27.4	67.1
玻利维亚	34.3	27.8	-6.4	7.3	2.2	-5.1	52.4	2.0	1.1
巴西	16.2	16.9	0.7	0.6	-2.1	-2.7	14.2	18.9	22.7
智利	41.5	45.9	4.4	1.4	-1.3	-2.7	16.9	30.0	93.0
哥伦比亚	19.8	22.8	3.0	-1.8	-2.8	-1.1	10.2	13.0	29.2
哥斯达黎加	31.8	26.8	-5.0	-5.7	-5.2	0.5	11.9	27.5	52.5
厄瓜多尔	32.7	23.1	-9.7	1.4	-0.3	-1.7	4.6	2.5	14.1
萨尔瓦多	49.1	53.2	4.0	-5.0	-5.9	-0.9	11.1	10.0	38.1
危地马拉	38.7	35.9	-2.8	-4.8	-2.8	1.9	13.4	11.1	26.8
洪都拉斯	25.9	28.2	2.3	-7.6	-8.7	-1.1	16.7	9.6	14.7
牙买加	76.2	104.2	28.0	-11.4	-9.9	1.5	13.4	8.5	47.2
墨西哥	17.3	19.5	2.2	-0.9	-0.8	0.1	12.3	19.5	32.4
尼加拉瓜	68.8	76.9	8.1	-16.7	-17.9	-1.2	23.5	14.6	38.7
巴拿马	44.7	45.8	1.1	-6.5	-12.7	-6.3	7.4	0.0	0.0
巴拉圭	25.0	25.3	0.4	0.9	-1.2	-2.1	20.8	23.2	27.5
秘鲁	28.8	24.6	-4.2	0.0	-1.3	-1.3	28.0	16.7	13.7
多米尼加	23.2	26.2	3.0	-1.7	-7.9	-6.2	6.6	14.9	55.6
乌拉圭	31.7	29.0	2.7	-1.5	-2.2	-0.7	22.0	13.7	20.2
委内瑞拉	16.9	14.3	-2.6	13.5	8.6	-4.9	12.3	27.8	52.0
平均值	**34.7**	**35.9**	**1.2**	**-1.9**	**-3.8**	**-2.0**	**16.2**	**15.3**	**34.0**

注：国际储备为 2011 年年底数据。所有的外债指标为 2010 年数据。

资料来源：世界银行 GDF、国际货币基金组织 IFS、美洲开发银行 Latin Macro Watch。

专栏 1.1　如何解释新兴发展中经济体的经济复苏现象

危机对新兴发展中经济体的影响并不相同。一些研究认为，结构性因素和经济政策可以用来解释这一差别，特别是在初始条件方面的差别。Berkmen et al.（2012）发现，贸易渠道（贸易开放和制成品出口）在2009年对发展中国家的增长产生了消极影响。上述学者针对一系列新兴经济体的研究得出结论认为，包括金融体系更高杠杆性、信贷扩张和更高比例的短期债务在内的金融因素所产生的效应大于贸易因素。他们还发现，有证据显示，财政状况和汇率灵活性有助于降低危机影响，尽管有关财政稳健状况的指标在解释危机对各国造成影响的不同方面并不显著。与此相似，Gallego et al.（2011）认为，宏观经济脆弱性的不同解释了拉美和东欧的不同表现。Cecchetti et al.（2011）指出，（拉美）稳健的国内金融体系、较高水平的国际储备、经常项目盈余和较低的私人债务水平解释了为何该地区的经济增长优于全球水平。贸易开放程度低且与美国金融联系不多的经济体受到的影响较小。Rose y Spiegel（2011）指出，很少有指标能预测危机对经济增长造成影响的程度和深度。他们认为，只有经常项目盈余是能够降低危机影响的一贯指标。

由于危机尚未结束，有关决定后危机表现因素的研究并非是最终的，需要对该课题进行持续研究。Avendaño y Daude（2012）发现，金融上越开放的经济体（根据外部资产和负债总额占GDP的比重来衡量其开放度）相比其他经济体复苏得更慢。持有更多欧洲银行资产的经济体亦是如此（按占全部外部负债百分比衡量）。贸易开放度，即出口占GDP的比重，具有积极作用，但主要向发达国家出口的经济体恢复得更慢。最后，拥有信贷过度扩张且杠杆程度较高（国内贷款与存款之比）的金融体系的经济体受危机影响更重。有证据表明，债务占GDP的比重越高，危机导致的成本越重。关于包括预算赤字或经常账户余额在内的因素，并未发现有关其作用的决定性证据。上述结果中的一部分与其他关于危机初始影响的研究（Berkmen et al.，2012）相吻合。但有些部分却并非一致，如金融开放度对经济复苏的积极或消极影响等。

资料来源：Avendaño y Daude（2012）。

宏观经济政策空间

拉美地区拥有一定程度的财政空间，以应对缓慢增长的外部环境。2009

年，一些拉美国家采取反周期性的财政政策，以抵御国际经济危机的衰退性影响。这些国家具备一定的财政实力和清偿力（OECD y CEPAL，2011）。大部分国家的公共债务保持在与2008年相似的水平上，按简单平均值计算约相当于GDP的39%。然而，平均值并不能说明具体情况的巨大差异。例如，智利、巴拉圭和秘鲁等国的净公债水平不到GDP的20%，而另一些国家的债务水平要高得多。根据预算平衡情况衡量的资金流动性也反映出相似的情况，玻利维亚、智利、巴拉圭和秘鲁等国的情况稳定，但其他一些国家的情况则更加复杂（见表1.4）。这些财政基本面的差异也反映在融资

表1.4　拉美和加勒比国家的财政指标（%）

	净公共债务（占GDP比例）		利息支付（占GDP比例）		预算平衡（占GDP比例）
国别	2008	2011	2008	2011	2011
阿根廷	57.8	40.0	2.4	2.7	-2.3
玻利维亚	43.1	41.4	1.0	1.4	1.0
巴西	57.4	54.2	6.6	6.1	-2.6
智利	11.4	16.5	0.9	0.8	0.9
哥伦比亚	42.7	41.2	3.5	3.2	-1.8
哥斯达黎加	29.9	38.4	2.2	2.2	-3.6
厄瓜多尔	25.0	22.2	1.3	0.8	-1.0
萨尔瓦多	36.9	44.3	2.4	2.2	-3.9
危地马拉	20.1	24.1	1.4	1.5	-2.8
洪都拉斯	20.1	27.7	0.3	0.3	-4.6
牙买加	126.1	139.0	12.5	9.4	-5.7
墨西哥	26.9	35.5	1.6	1.8	-2.5
尼加拉瓜	76.6	42.7	1.2	1.4	0.5
巴拿马	45.4	41.2	3.2	2.4	-2.3
巴拉圭	19.2	13.4	0.7	0.6	1.3
秘鲁	24.5	19.2	1.6	1.2	1.8
多米尼加	24.4	30.3	1.6	2.1	-2.6
乌拉圭	52.4	42.2	2.9	2.5	-0.4
委内瑞拉	14.0	21.7	1.3	2.1	-3.4
简单平均值	**39.7**	**38.7**	**2.6**	**2.4**	**-1.8**

注：采用官方公布的最广义的定义来界定公共部门。危地马拉、海地、洪都拉斯、牙买加、多米尼加和委内瑞拉指中央政府。根据巴西央行计算，净公共债务包括各级政府。乌拉圭利息支付为2010年数据。

资料来源：各国数据汇总。

条件上。而融资条件又反过来对财政的可持续性产生影响。各国的国家风险指数或利差水平处于历史低位。这部分得益于良好的宏观经济基本面，但包括低利率和国际流动性在内的全球性因素也发挥了作用。

尽管公共债务出现下降，一些国家的初级预算平衡状况还是弱于 2008 年。财政收入受到经济周期的影响。在存在与原材料有关的财政收入的情况下，还受到国际原料价格波动的影响。根据上述两个因素进行调整后，在能够提供按周期和原材料价格调整后的财政收入估算数据的 8 个国家中，仅 1 个国家的财政状态出现了微幅改善（见图 1.1）。从资本流动的角度看，与 2008 ~2009 年的危机时刻相比，拉美地区状况更加脆弱。然而，与 2008 年 9 月雷曼兄弟倒闭引发危机时相比，以下三个因素有助于拉美能更好地抵御国际金融市场的动荡：（1）一些国家主权基金储备充足；（2）可以持续地从国际市场获得融资；（3）拉美国家以及多边和地区金融机构获得了如何应对国际流动性紧急缺乏的经验。

智利、巴拉圭和秘鲁的公共债务总额低于 GDP 的 20%，其他国家的债务水平则显著较高

总的来看，在发生源于实体经济和（或）金融部门且强度适中、持续时间较短的冲击时，一些拉美国家具备至少部分消除冲击影响的财政空间。然而，在外部冲击的强度和持续时间方面，目前的局面十分复杂。地区外部需求缓慢增长的局面逐步形成。世界最主要经济体（欧元区、美国、中国和印度）均需应对自身的经济失衡，从而可能导致不确定因素增加。

拉美地区审慎的财政战略应建立在这样的举措之上，它能确保财政刺激的时间并及时退出并确保公共财政的可持续性

拉美地区审慎的财政战略应建立在这样的举措之上，它能确保财政刺激的时间并及时退出，确保公共财政的可持续性。鉴于支出方面自动稳定器规模有限，与税收有关的稳定器又因为水平和构成的问题数量不足，拉

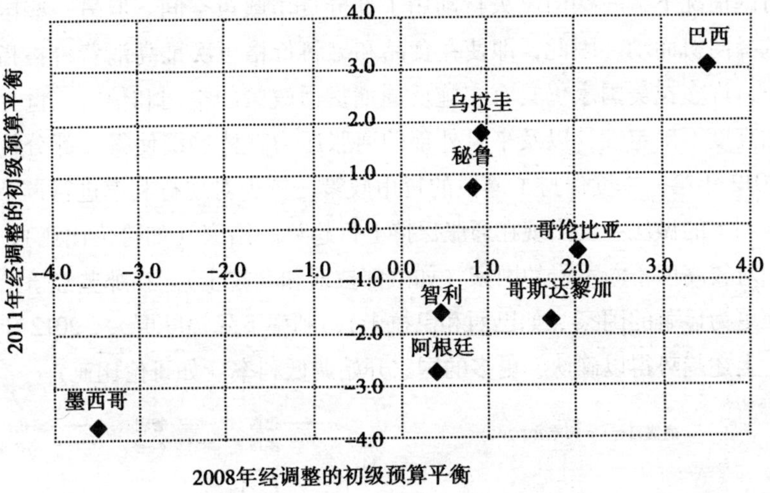

图 1.1　部分拉美国家 2008 年和 2011 年按周期和国际原材料价格调整后的初级预算平衡情况（占 GDP 的比例）

注：具体计算方法参见 Daude et al.（2011）。

资料来源：各国政府数据、智利铜委员会（Cochilco）、FRED St. Louis，Datastream 数据库、国际货币基金组织 2012 年 4 月《世界经济展望》报告，载 http：//dx. doi. org/10. 1787/888932718915.

美各国可以根据各自的制度情况，成立能够自动启动和退出的（例如根据失业水平）社会性支出计划。还可以在经济周期内根据有关经济、社会和环境的可行性制定基础设施项目规划，并根据所处的经济周期选择推动、提前或加速有关投资进程。

即使在食品和燃料价格再次推高消费价格指数的情况下，一些拉美国家仍具有实施反周期货币政策的空间和信誉

货币政策是拉美地区各国能够用以应对总需求下降的另一个手段。总的来看，尽管 2012 年上半年食品价格出现了局部上扬，中期通胀预期维持在适度稳定的水平之上。制定了明确通胀目标制的央行，总体上将通胀保持在浮动区间内，或是向目标区间靠拢（见图 1.2a）。在出现经济活动放缓、通胀压

力下行的情况下，一些国家央行动用了部分货币政策空间。但另一些国家央行则选择向机而动。因此，即使在食品和燃料价格再次推高消费价格指数的情况下，许多拉美国家仍具有实施反周期货币政策的空间和信誉。世界经济增长的高度不确定性，以及来自外部的通胀压力整体趋缓使得大部分拉美国家在2012年第一季度保持了谨慎的货币政策，较少对现行利率进行调整。提高基准利率的做法主要出现在通胀保持上行趋势的国家（如哥伦比亚），或通胀率相对较高但不断下行的国家（如洪都拉斯和乌拉圭）。在那些经济活动放缓似乎更为显著的国家（如巴西和巴拉圭），利率下降幅度更大。2012年第二季度，上述趋势得以确认，更多的国家开始调低利率（如哥伦比亚）。

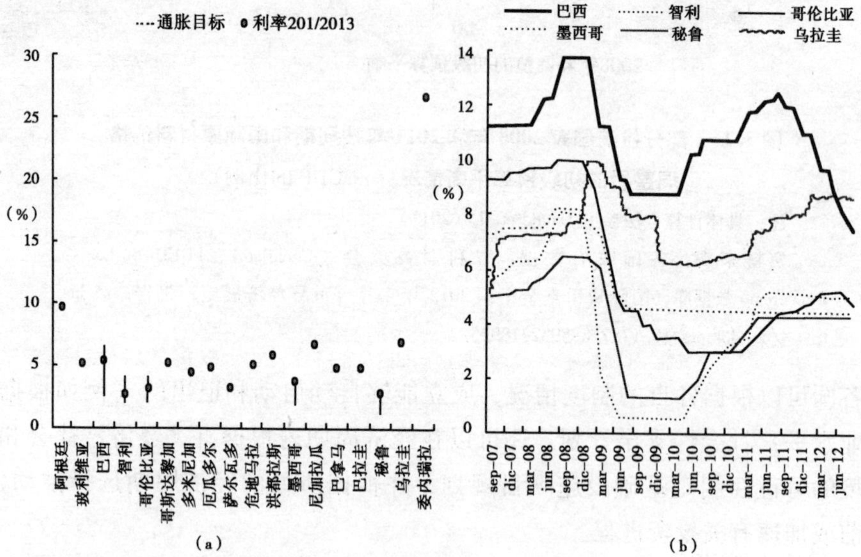

图1.2　拉美未来12个月的年通胀预期及货币政策性利率变化

资料来源：《拉美共识预测》，2012年8月，Datastream数据库，载 http：//dx. doi. org/10. 1787/888932718934.

该地区各国央行仍具备在需要时使用扩张性货币政策的空间。既定的通胀预期是，货币政策能够有效地稳定总需求的前提条件。该地区大部分国家能满足这一条件。由于名义利率与零利率的下限之间仍有较大距离，各国仍具备刺激总需求的空间。对货币政策反应的预测，即泰勒规则显示，目前该地区确定了明确通胀目标制国家的利率水平反映出中性的或略微扩张性的货币政策（见专栏 1.2 关于巴西的分析）。

专栏 1.2　巴西货币政策规则选择的预测

评估货币政策属于扩张或紧缩的传统工具之一就是通过泰勒规则进行预测。这一规则由于泰勒针对美国货币政策进行的研究（1993）而家喻户晓。该研究通过简单的公式确定了货币政策基本利率与通胀距离目标水平的偏离程度以及产出缺口之间的关系。然而，应该将何种额外变量（例如长期债券收益率、实际汇率和资产价格等）纳入分析，以及使用何种方法正确估算各变量之间的关系引发了激烈争议。巴西的案例也显示了这方面潜在的复杂性。

2003 年 1 月至 2012 年 8 月间，人们建立了一系列替代模型对巴西的货币政策进行评估，以下是基本公式：

$$i_t = \alpha + \beta(\pi_{t,t+12} - \pi^*) + \gamma(y_t - y^*) + \varepsilon_t$$

公式中，i 表示货币政策基本利率 Selic，$\pi_{t,t+12}$ 为未来 12 个月的预期通胀，π^* 为通胀目标，$(y_t - y^*)$ 为产出缺口，ε_t 为调整项。一般而言，β 和 γ 应该为正值。β 系数应大于 1，以确保实际利率随通胀预期的增加而增加，实现对经济的冷却作用。在通胀低于目标时，情况正好相反。另一方面，如果 γ 为 0，则代表纯粹的通胀目标制货币政策。

经常使用的替代性公式往往引入一个滞后的利率项，以反映央行熨平利率变化轨迹、减少金融市场不确定性和波动的政策目标。往往还会引入一些额外变量，从而引起公式变动。这些变量或者是关于价格和 GDP 变动的变量，或者是银行的政策目标变量。在此，还将经济体设定为开放型并引入了实际汇率。最后，需要指出的是，通过这一公式进行测算是孤立的。因为，尽管很多情况下会产生滞后，利率仍然既会对通胀（或通胀预期）产生影响，也会对产出缺口产生影响。因此，据此估算往往是偏颇的。在利率惰性较强的情况下尤为如此。与巴西和其他新兴经济体相关的问题还在于利率和通胀的时间序列往往是非平稳性的。因此，预测的关系可能并不存在。为解决这些问题，需要进行多元协整分析。预测系数见下表：

专栏表1.2.1 对巴西货币政策规则的替代性测算

	(1) 封闭经济体	(2) 开放经济体	(3) 活跃的开放经济体	(4) 协整向量
常量	12.83 (0.33)	-43.65 (4.56)	-1.02 (1.28)	38.13 —
通胀	2.21 (0.21)	1.29 (0.15)	0.07 (0.04)	3.56 (0.99)
产出缺口	-0.27 (0.18)	-0.04 (0.12)	13.39 (2.41)	-0.33 (0.64)
实际汇率	—	12.58 (1.01)	0.32 (0.33)	-11.84 (4.37)
滞后利率	—	—	0.96 (0.020)	—
复相关系数平方 R^2 杜宾-瓦特森(Durbin-Watson)检验	0.50 0.04	0.80 0.11	0.99 0.43	— —

注：括号内为标准差。

资料来源：作者根据巴西央行数据编制。

基于不同计量经济学模型进行的利率预测呈现出显著的差异。例如，栏（1）采用了最简单的模型，显示出2012年8月利率应该确定为14.5%，而非7.5%。然而，杜宾-瓦特森检验显示出十分高的自相关。因此，这一模型显然并不具备典型性。在引入了实际汇率等开放型经济体特点后，与平均利率8.2%相比，预测利率到2012年7月降至12.3%。但高度自相关仍然存在。如果纳入滞后利率指标，预测利率同期为9.3%。目前观察到的利率落入可信区间。这意味着，尽管精确预测显示货币政策与规则预计的情况相比略显扩张，然而差别很小。与此同时，滞后利率的高系数表明利率可能并非具有平稳性。复相关系数平方 R^2 值较高，而杜宾-瓦特森检验值较低则说明模型的有效性存在问题，相关结果可能是无效的。由此可以看出，多重整体分析可能给出最可信的估算。考虑到这一点，栏（4）的预测显示了最终结果。虽然根据该计算，利率应该高出目前水平1.3%，但这一差别在统计学上并非显著。总之，目前似乎不存在巴西的货币政策正变得更具扩张性的迹象。

中期国际环境及其对拉丁美洲的影响

未来几年，来自发达国家的外部需求活力有限。特别是主权债务的显著增加，加上人口老龄化导致的支出压力，以及稳固财政的需要，从而有可能在较长的时期内抑制经济增长。[3]例如，如果需要在2050年将债务总量降至GDP的50%，包括美国、英国和日本等国在内的一些国家需要减少按周期调整的财政赤字超过GDP的8%（OECD，2012）。在这样的情况下，许多发达经济体将面临与拉美国家在20世纪80年代初债务危机之后所遇到的相似的增长困境。低增长通过多种渠道得以实现。例如，在企业和家庭改善自身资产负债表的同时，财政调整可能会显著降低总需求。在没有明确的财政调整路线图的情况下，较高的债务水平会增加财政风险预期，提高风险溢价，从而制约私人投资以及潜在增长。最后，长期的高失业水平最终会增加结构失业率，从而导致OECD成员国经济体潜在产出的永久性减少。

在OECD成员国经济体表现乏力、存在结构性问题的背景下，可以预见利率水平将长期保持低位

在OECD成员国经济体表现乏力、存在结构性问题的背景下，可以预见利率水平将长期保持低位。一方面，许多OECD成员经济体GDP增长率持续低于潜在增长水平，加之存在大量产能过剩，这意味着通胀压力将在未来几年保持低位（见图1.3（a））。在这样的情况下，中央银行不应提高货币政策利率。那些既有通胀目标、也有完全就业目标的中央银行可再次使用非常规货币政策工具，以降低长期利率。一些分析人士认为，发达国家政府应容忍更高的通胀水平，同时采取抑制利率的金融限制措施，以降低公共债务水平，为私人部门的债务人减负，从而促进经济体的去杠杆化进程。为此，应在较长时期内保持实际负利率（Reinhart y Sbrancia，2011）。[4]

即使在成功避免某些国家脱离欧元区的情况下，新兴经济体资产的大进大出仍可能导致国际资本市场发生剧烈动荡，与发达国家经济发展有关的风险在短期内无法得到彻底解决。它们将经历由于实施相关措施所需的重大体制性转变而带来的波折过程。这些转变包括，美国如何在选举周期内巩固财政状况，以及需要全民批准的欧盟条约的修改等。一些逐步减少的不确定因素也会对上述过程产生影响，例如，中国因周期性波动导致的经济增长放缓，以及增长趋势放缓等。此外，可以预见，国际资本市场风险厌恶程度的周期性增加。鉴于全球风险厌恶程度已成为新兴市场资产价格的最重要决定性因素之一，随着新兴市场与国际金融市场关联程度的加

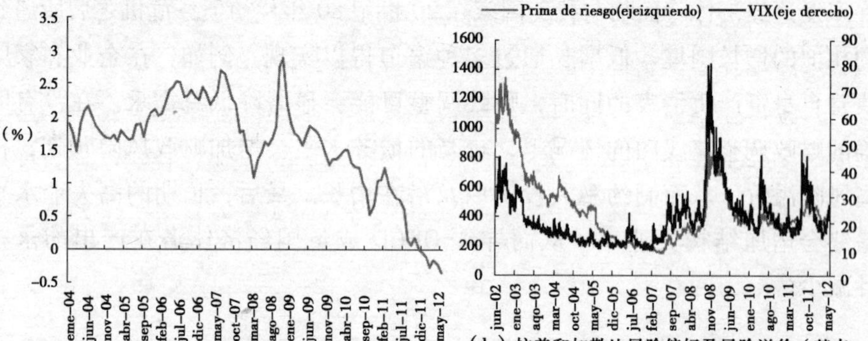

（a）美国十年期通胀指数债券收益率

（b）拉美和加勒比风险偏好及风险溢价（基点，左纵轴 为风险溢价；右纵轴为VIX指数）

图1.3　无风险资产利率、全球投资者风险偏好及拉美主权风险溢价

注：VIX全称芝加哥期权交易所波动指数。

资料来源：FRED，St. Louis储备银行和Datastream数据库，载http：//dx.doi.org/10.1787/888932718953.

强，拉美地区未来几年的资产价格可能发生一定程度的波动（见图1.3（a））。

拉美国家间更大程度的一体化能够消除贸易、行政和基础设施方面的障碍，从而有助于各国共同应对中期挑战

拉美地区应对外需下降的途径在于推动一体化进程，从而提高非传统领域和行业的竞争优势。在外部出口需求下降的同时，各国可以通过扩大国内市场保持经济活力。然而，在很多情况下，各国国内市场规模较小，

并可能因为这一过程中出现的进口需求导致收支平衡问题的出现。因此，拉美国家间更大程度的一体化能够消除贸易、行政和基础设施方面的障碍，从而有助于各国共同应对中期挑战。在提供市场和规模效应的同时，更大程度的一体化也能为各国提供学习的平台。它们可以借此提高目前尚缺乏出口竞争力部门的竞争优势，从而在出口目的地和产品多元化的基础上增强自身的宏观经济抵御能力。

尽管相比较而言，拉美债务水平较低，外部实力较强，这还是意味着，该地区很可能在较长时期内受到资本大进大出的影响，从而带来汇率的显著波动。在2009年的大幅下降之后，近几年流入拉美地区的资本达到了历史高点（见图1.4（b））。随着资本流入带来某些资产价格（如不动产和股

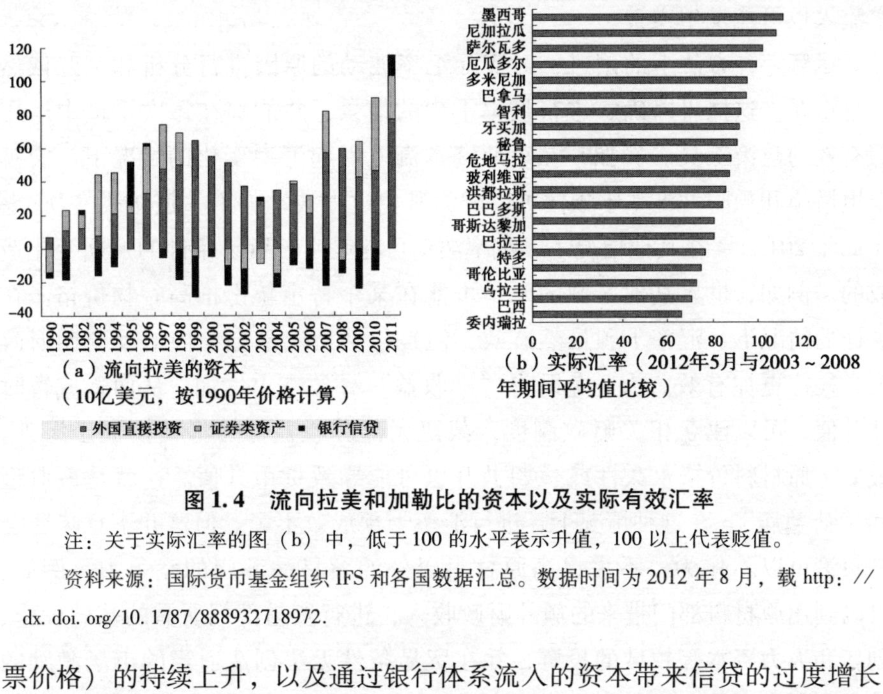

图1.4　流向拉美和加勒比的资本以及实际有效汇率

注：关于实际汇率的图（b）中，低于100的水平表示升值，100以上代表贬值。

资料来源：国际货币基金组织IFS和各国数据汇总。数据时间为2012年8月，载http：//dx. doi. org/10. 1787/888932718972.

票价格）的持续上升，以及通过银行体系流入的资本带来信贷的过度增长，该地区可能面临宏观经济失衡的风险。这种可能性突显了有关金融监管和资本账户开放程度的宏观审慎措施的重要性。这不仅是因为，其具有短期宏观经济效应，更在于实际汇率升值的不可持续性可能对产业结构造成的影响。这会削弱贸易品部门的竞争力，并损害未来增长能力（CEPAL，2012b）。

宏观审慎措施和预防性汇率干预是地区各国避免短期资本流入导致汇率过度波动的第一道防线

拉美国家实际汇率的演变显示，一般而言，各国货币与危机前的2003~2008年期间相比均出现了升值。仅厄瓜多尔、墨西哥和尼加拉瓜的实际汇率出现微幅贬值。与此相反，一些国家，特别是南美原材料生产国货币与2003~2008 年相比升值超过 20%。导致实际汇率波动的因素是多方面的：一方面，包括贸易条件、财政政策、贸易开放度和投资净头寸等实体经济因素；另一方面，国际金融市场的变化，如对新兴市场资产偏好的增加和利差等因素，可能导致短期资本流入增加。而当外部条件变化时，资本流入也可能发生逆转。

尽管存在方法上的困难，对实际汇率波动的原因进行分析和跟踪依然十分重要。这样可以确定进行汇率干预的情景，并能够在每次干预中运用最有效的政策工具。例如，在短期资本流入引起汇率变化的情况下，宏观审慎措施和预防性汇率干预便可以成为避免过度波动的第一道防线（Daude et al.，2012）。在其他情况下，汇率波动可能是由于贸易条件的短期变化造成的。例如，世界其他区域的干旱可能在某个特定年份推高谷物价格。在这样的情况下，汇率干预虽然有效，但是包括稳定基金在内的反周期财政工具往往更加有效。为避免既得“准收益”导致支出增加，从而造成暂时性升值，可以建立相关财政制度，截留大部分收益，并将其投资于海外。最后，原材料价格永久性或长期上升也可能导致货币升值。这就是最典型的“荷兰病”。在这种情况下，进行汇率干预成效不彰。但这并不意味着经济政策可以不作为，不去提高原材料以外的贸易品部门的竞争力。例如，可以利用原材料部门带来的额外财政收入，进行贸易部门所需的基础设施、创新和人力资本等领域的投资，并在贸易条件无法创造适当的市场激励的情况下促进产业多元化。

需要对升值的原因及其对产业结构的潜在效应进行后续跟踪，以便更好地协调宏观经济政策与产业发展目标之间的关系。虽然判断一个国家是否受到“荷兰病”的影响并非易事，但对形势的判断及后续跟踪，有助于找到影响竞争力的潜在因素。中期的临时性波动也可能会引发这些问题，并对包括投资在内的关键决策产生影响。在许多情况下，各种政策间的协调以不言而喻的方式进行着。但如果提高透明度，就能进一步提高这些政策措施的有效性。

结论和建议

总的来看，上述经济背景的分析可以为拉美和加勒比地区企业勾勒出一幅明暗参半的图景。尽管程度不同，地区各经济却体均面临着充满不确定性的外部环境。在某些情况下，这种不确定性会因为各国货币实际汇率升值趋势或更严重的初级产品出口集中程度而加剧。出于这样或那样的结构性考虑，拉美企业，尤其是规模最小的企业的发展面临着充满挑战的环境。中小企业在经济发展和福利社会传播的过程中发挥着关键作用。这些生产单位引导着中等收入，甚至是低收入群体（就微型企业而言）的储蓄和投资活动。其对就业的作用也十分显著。在适当的政策扶持下，这些企业将有助于强化产业部门之间的联系，并通过利用专业化的优势和产业集群发挥的协同和外溢效应，系统性地提高竞争力和产业部门的整体生产率。此外，中小企业往往是创新、技术进步，及其随后通过生产体系传播的重要纽带。

当前的挑战是，在发达国家低增长态势持续的情况下，通过刺激总需求的财政和货币政策促进短期稳定，同时通过结构性措施提高中期的增长率并平衡好两者之间的关系

地区各国宏观经济政策所面临的最大挑战是，在发达国家低增长态势持续的情况下，通过刺激总需求的财政和货币政策促进短期稳定，同时通过结构性措施提高中期的增长率，并平衡好两者之间的关系。需要找到结合需求政策和调整生产结构措施的方法，既保持宏观经济稳定，又促进地区生产能力的发展。如果各国的生产能力得不到发展，不利的外部环境就很可能导致各国陷入几十年前的增长水平和模式，缺乏活力与内生增长动力，无法实现产业结构转型，改善收入分配状况。

【注　释】

［1］参见 BID（2012）y FMI（2012）。

［2］例如，墨西哥的石油收入占 GDP 的 8% 左右，约相当于财政收入的 40%。

［3］Reinhart y Rogoff（2010）；Kumar y Woo（2010）.

［4］低收益也可能反映出无风险资产价格的上涨，而这种资产的供应在显著下降（特别是拥有 AAA 评级的安全资产缺乏。发达国家的证券化抵押贷款和一些欧洲国家的主权债已经不属于此类资产）。

【参考文献】

［1］Avendaño, R. y C. Daude（2012），"What Explains Output Recovery in Developing and Emerging Economies After the Global Financial Crisis?", Working Paper, Centro de Desarrollo de la OCDE, París.

［2］Banco Central de Chile（2012），Informe de Estabilidad Financiera, Primer Semestre 2012, Banco Central de Chile, Santiago.

［3］Berkmen, P., G. Gelos, R. Rennhack y J. P. Walsh（2012），"The Global Financial Crisis: Explaining Cross-Country Differences in the Output Impact", Journal of International Money and Finance, Vol. 31, Issue 1, pp. 42～59.

［4］BID（2012），"El mundo de los senderos que se bifurcan: América Latina y el Caribe ante los riesgos económicos globales", Informe Macroeconómico Anual de América Latina y el Caribe, BID, Washington, DC.

［5］Cecchetti, S. G., M. R. King y J. Yetman（2011），"Weathering the Financial Crisis: Good Policy or Good Luck?", BIS Working Paper No. 351, Banco de Pagos Internacionales, Basilea, agosto.

［6］CEPAL（2012a），Estudio Económico de América Latina y el Caribe, 2011～2012, Naciones Unidas, Santiago.

［7］CEPAL（2012b），"Cambio estructural para la igualdad: una visión integrada de desarrollo", Trigésimo cuarto periodo de sesiones de la CEPAL, LC/G. 2524（SES. 34/3），Naciones Unidas, Santiago.

［8］Daude, C., E. Levy Yeyati y A. Nagengast（2012），"Real Exchange Rate Fluctuations in Emerging Markets: Drivers and Policy Options", Working

Paper, Centro de Desarrollo de la OCDE.

[9] Daude, C. , A. Melguizo y A. Neut (2011), "Fiscal Policy in Latin America: Countercyclical and Sustainable?," Economics-The Open-Access, Open-Assessment E-Journal, Kiel Institute for the World Economy, Vol. 5 (14), pp. 1 ~ 29.

[10] FMI (Fondo Monetario Internacional) (2012), "2012 Spillover Report", 9 julio, disponible en: www. imf. org/external/np/pp/eng/2012/070912. pdf

[11] Gallego, S. , L. Molina y J. M. Serena (2010), "La crisis financiera global en América Latina y Europa del Este", Boletín Económico del Banco de España 79, mayo, pp. 79 ~ 92.

[12] Kumar, M. S. y J. Woo (2010), "Public Debt and Growth", IMF Working Papers, No. 10/174, Fondo Monetario Internacional, Washington, DC.

[13] OCDE (2010), Perspectivas Económicas de América Latina 2011: En qué es clase media América Latina, OCDE, París.

[14] OCDE (2011), OECD Economic Outlook, Vol. 2011/1, OCDE, París.

[15] OCDE (2012), "Fiscal Consolidation: How Much is Needed to Reduce Debt to a Prudent Level?", OECD Economics Department Policy Notes, No. 11, abril.

[16] OCDE y CEPAL (2011), Perspectivas económicas de América Latina 2012: Transformación del Estado para el desarrollo, OCDE, París.

[17] Reinhart, C. M. y K. S. Rogoff (2010), "Growth in a Time of Debt", American Economic Review, Vol. 100, pp. 573 ~ 578.

[18] Reinhart, C. M. y B. Sbrancia (2011), "The Liquidation of Government Debt", NBER Working Paper Series No. 16893, Cambridge, MA.

[19] Rose, A. K. y M. M. Spiegel (2011), "Cross-Country Causes and Consequences of the Crisis: An Update", European Economic Review 55, Elsevier, Vol. 55 (3), pp. 309 ~ 324, abril.

[20] Taylor, J. B. (1993), "Discretion versus Policy Rules in Practice", Carnegie-Rochester Conference Series on Public Policy 39, pp. 195 ~ 214, North-Holland.

第二章　拉丁美洲中小企业特点及其政策

如果有正确的扶持政策，拉美地区微、小和中型企业（SMEs）就可在提高生产率、弥补大型企业规模经济的不足、促进某些行业产业集群的形成及降低社会不平等与贫困等方面发挥重要作用。过去的10年中，人们对拉美地区企业的重要组成部分——中小企业的关注度日益提高。但是，仍需加倍努力打破中小企业效率低下和缺乏竞争的恶性循环。公共政策不仅要更加成熟以便能持续更长时间，而且还要更加适应影响中小企业发展的不断变化的外部环境。各国必须构建实施计划和措施的制度空间。尤其是政策的设计和实施必须全方位考虑到不同类型的中小企业，包括挣扎在生存线上的微型企业以及为出口外国市场的大型企业提供服务的完全现代化的企业。

导　言

中小企业是拉美地区企业结构中的重要组成部分。它们在拉美地区的重要性可通过不同指标体现出来：中小企业所占比重、创造的就业数量及其对GDP的贡献。但是，从对GDP的贡献方面看，拉美地区中小企业与OECD国家在以下几个方面形成了鲜明对照。在拉美，GDP的70%是由大型企业创造的；而在OECD国家，大型企业对GDP的贡献率只有40%，其余部分则由中小企业贡献。因此，拉美中小企业虽然创造了一些就业机会，但它们对生产的贡献却很少。这说明它们具有不同的生产结构、低附加值产品生产的专业化，以及对出口贡献率低（大部分国家的贡献率不到5%）。

因此，拉美和 OECD 国家在生产率方面的差异会随着时间的推移而持续。

拉美地区生产率和出口能力方面的差距主要是高度多样化的经济结构造成的。拉美地区生产结构的主要特征是“一国内不同行业、同一行业内部及不同企业之间在生产率方面存在巨大差别——这种差别远远高于发达国家。这就是所谓的结构异质性，即不同企业和工人内部的显著不对称性及就业主要集中于相对生产力极低的部门的现象”（ECLAC, 2010）。这一现象也是拉美地区社会极度不平等的原因之一。同时，（不同行业和企业内）巨大的生产率差距也反映出并强化了其他领域的差距：技能、新技术的采用、谈判技巧、社交网络的获取及同一职业内的向上流动性。

生产结构的差距造成拉美中小企业与其他企业相比处于非常不利的地位，因此需要采取特殊政策来扭转这种局面。不解决以上困难，中小企业缺乏竞争力的问题就会持续下去，进而产生经济增长乏力、贫困及结构变化缓慢的恶性循环。打破这一恶性循环，就需要强有力的政策和制度来解决拉美地区面临的严峻挑战（Cimoli, 2005）。

本章认为，虽然拉美地区在该领域取得了进步，但中小企业发展的扶持政策仍必须继续推进以中小企业为明确目标、新公共政策为基础的战略。这些政策必须包括如下几方面：（1）具有较长的适用期以便进行连续而持久的行动；（2）构建和加强维持、协调和执行这些政策的制度空间；(3) 政策必须足够灵活，从而适应生产结构、国际环境、宏观经济环境以及国家和地方特征的变化；（4）全方位考虑不同类型中小企业。

如果有正确的政策框架，就可以通过如下方式使中小企业，尤其是最具增长潜力的企业，成为转变拉美经济的杠杆：

（1）通过技术和结构变化提高生产率。中小企业因此就可以成为推动结构变化的催化剂，有利于建立和传播创新和开发新市场（OECD, 2010）。此外，如果新企业进入市场，它们就可以参与竞争，开创新的企业模式，挑战传统模式。这会形成有益的冲击（熊彼特称之为“创造性破坏”），促使企业不断寻求具有生产性用途的资源，[1] 提高经济的全部生产率（Altenburg y Eckhardt, 2006）。

如果新企业进入市场，就可以提高竞争力，开创新的企业模式，挑战

传统模式。这就形成有益的冲击，有助于经济全部生产率的提高

(2) 弥补大型企业规模经济的不足。中小企业灵活性强，与客户联系更紧密并可快速作出决策，从而降低交易成本。特别是通过向大型连锁零售企业出口或销售的中小企业，可获得更快进入多样化市场和全球价值链的机会，也更容易从技术转让中获益（Dini y Stumpo, 2004）。

(3) 使中小企业在建立生产集群中发挥重要作用。集群就是经济主体和机构为创造竞争性优势而进行国内合作的一种形式。这种合作可以提高企业生产，推动技术革新，加快学习进程，从而使集体效率达到单个企业无法实现的程度（Ferraro, 2010）。

(4) 提高微型企业收入，降低其脆弱性，促进社会包容。在拉美地区，许多微型企业的建立是应对劳动密集型经济不景气而采取的一种生存战略。通常情况下，微型企业的工人并不贫困，但却是社会最弱势群体（OECD, 2011）。微型企业不能保证成为有活力的部门，因为这需要花相当长的时间，而且员工有可能不具备必要的技能。一些针对微型企业的扶持政策（与小额贷款有关的多层面干预）实际上已成为在社会安全阀很小或不完善的条件下，提高和稳定收入的有效工具。

本章主要分析拉美中小企业在该地区生产结构中的特点及中小企业扶持政策的发展变化。本章共分 7 个部分：第一部分，介绍拉美中小企业概况，重点是中小企业的多样性、生产率低下、行业分布及对就业和出口的贡献；第二部分，分析中小企业运营的区域环境，尤其是商业环境及生产结构环境；第三部分，考察中小企业开发政策的发展变化；第四部分，介绍支持中小企业发展的机构及其体制环境，重点是这些机构的结构和监管方面的问题；第五部分，简要介绍中小企业开发政策的目标和战略；第六部分，着重解决这些政策的设计和实施中存在的问题；第七部分，提出一系列结论和建议，提出推动中小企业发展的新的公共政策议程的前景。

拉美地区中小企业概况

拉美中小企业的基本特征之一是极富多样化。一些微型企业完全是出于个人就业的需要而建立的。这些企业通常是以非正规方式运营的，人力资本低，获取外部资金困难，国际化程度很低，其生产活动对技术要求也很低。处于另一个极端的是一些高增长的中小企业，即所谓的“瞪羚企业”，它们能获得更多的销售收入，创造更多的就业机会，还通过高效创新的经营管理来开拓市场。因此，公司规模的概念掩盖了这种生产单位极富多样性的现实。

拉美中小企业的显著特征之一是高度多元化，既有出于自我就业和生存需要而建立的企业，也有通过高效创新的管理而开拓市场的企业。

中小企业的多样性特性对政策设计产生了影响。中小企业的概念涵盖了大量不同类型的企业，因而一刀切的决策方法是不可取的。除了在生产率和就业方面有不同的增长潜力之外，不同类型的中小企业通常面临完全不同的发展障碍。对于某些中小企业来讲，大部分障碍来自企业内部（例如企业能力有限），而对另一些企业来说，主要的障碍则是不利的外部环境对部门、生产链或集群的影响，甚至还包括不利的宏观经济环境的影响。

在拉美地区，至少有两种界定中小企业的方法。一种是根据企业职工人数来界定，另一种是利用销售收入来决定生产单位的经济规模。第一种界定方法忽视了部门之间的重要差别（以及每一个行业内部的不同部门之间的差别），这常常导致高估了中小企业对经济的贡献。[2]然而，这就是国家统计部门使用的标准，这些国家提供的数据也正来源于此，而决策机构对公司规模的界定是以销售收入为基础的。

虽然对不同国家的数据进行比较存在困难，但是有关拉美国家中小企业中不同规模企业的分布及相对生产率仍存在一些共同规律。一般来说，拉美中小企业相对生产率水平低于 OECD 国家。例如，在拉美地区，小企业生产率的全国水平仅为大企业的 16% ~36% 。欧洲国家则处于 63% ~75% 之间（见图 2.1）。生产率差异对工资差距产生影响（见表 2.1），从而对该地区收入分配和不平等产生重要影响。

拉美地区小企业生产率水平为大企业的 16% ~36%，欧洲为63% ~75%

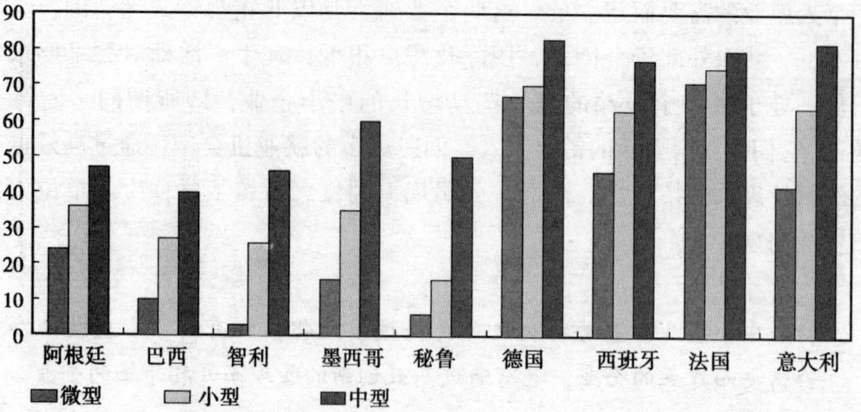

图 2.1 拉美地区和 OECD 部分国家相对生产率

（大企业生产率＝100）

资料来源：ECLAC（2010）。

载 http：//dx. doi. org/10. 1787/888932732538.

表 2.1 与大型企业的工资差距（2006 年）（%）

	阿根廷	巴西	智利	墨西哥	德国	西班牙	法国	意大利
微型	36	43	—	21	69	63	—	—
小型	44	42	52	56	73	74	88	69
中型	57	64	60	55	81	89	91	79
大型	100	100	100	100	100	100	100	100

资料来源：阿根廷、巴西、智利和墨西哥的数据来自各国官方统计；德国、西班牙、法国和意大利的数据来自 Eurostat（2006）。

企业的生产率差距与生产结构及不同行业的就业分布紧密相关。2008 年，拉美地区 70% 以上的工人受雇于低生产率部门，如农业、建筑业、零售业和个人服务业；20% 受雇于中等生产率部门，如工业和交通运输业；8% 受雇于高生产率部门，如矿业、金融业和能源部门（ECLAC，2010）。

拉美地区企业规模结构与 OECD 国家一样，约有 99% 的企业是中小企业。这彰显中小企业在生产及作为结构改革推动者方面的重要性。由于它们在生产结构中数量庞大，任何产业政策和结构改革都必须考虑到中小企业的不同特征、特性和变化（见表2.2）。

2008年，在拉美地区，每百个工人中，有8人受雇于高生产率部门（矿业、能源和金融），20人受雇于中等生产率部门（工业和交通运输业），超过70人受雇于低生产率部门（农业、建筑业、商业和服务业）

表2.2　拉美和OECD部分国家不同规模的企业所占比例（%）

国家	微型企业	小型企业	中型企业	大型企业
阿根廷	81.6	16.1	1.9	0.4
巴西	85.4	12.1	1.4	1.0
智利	90.4	7.8	1.2	0.6
哥伦比亚	93.2	5.5	1.0	0.3
厄瓜多尔	95.4	3.8	0.6	0.2
墨西哥	95.5	3.6	0.8	0.2
秘鲁	98.1	1.54	0.34	0.02
乌拉圭	83.8	13.4	3.1	0.6
德国	83.0	14.1	2.4	0.5
西班牙	92.6	6.5	0.8	0.1
法国	93.0	5.9	0.9	0.2
意大利	94.4	5.0	0.5	0.1

资料来源：拉美国家，根据各国官方数据计算；法国、德国、意大利和西班牙，OECD（2011）。

微型企业的就业主要集中在零售业和一些低附加值服务行业；小企业的就业主要分布在零售业，少部分在制造业，在某些国家还有建筑业。而在部分国家的中型企业，制造业是雇佣工人最多的。在大型企业中，制造业和某些高附加值服务行业（电信和金融中介）提供的就业机会最多。

在一定程度上，就业分布的差别取决于各国生产结构的特点。例如，在工业化水平较低的国家，贸易部门是重要的就业部门，在大企业以及一些国家，贸易部门的重要性相当于甚至大于工业部门。对于大型企业来说，电信和金融中介服务行业对规模更小的及专业化程度更高的企业的影响更大。

所有拉美国家，规模较小的企业尤其是微型和小型企业，是生产率最低的经济部门。这些部门准入门槛低，与其他企业共同合作（建立网络或集群）的需求和动力较少。因此，它们在提高企业（和劳动力）的专业化程度、创新偏好及生产率等方面，产生外部性的可能性很低。

拉美中小企业的生产环境的另一方面是国际化水平低（见表 2.3）。这些企业进入国外市场所面临的一个巨大障碍是该地区的出口结构。出口主要集中在自然资源及其衍生品，这些部门主要受大公司控制，因为所需投资数额巨大，中小企业参与的空间很小。此外，拉美地区的出口结构助长了生产结构的异质性，因为拉美生产结构不鼓励中小企业通过刺激出口而具有更多的创新过程。另外，国际化水平低也意味着许多中小企业产品只能供应国内市场。因此，这些企业的发展高度依赖于国内宏观经济条件（Peres y Stumpo，2002）。所以毫不奇怪，在经济高度不稳定时期，企业破产率与规模呈反相关系，在正规的中小企业中，新企业签约入场率就越高（Castillo et al.，2004；Crespi，2003）。

表 2.3 不同规模企业的出口比重（%）

	阿根廷	巴西	智利	西班牙	意大利	德国	法国
微型	0.3	0.1	—	11.1	9	8	17
小型	1.6	0.9	0.4	13.3	19	12	10
中型	6.5	9.5	1.5	22.6	28	18	15
大型	91.6	82.9	97.9	47.1	44	62	58

注：巴西的数据不包括特殊的中小企业，这类企业的出口占总出口的比重是 6.6%；智利小企业的数据已包括微型企业；西班牙，未知规模企业的出口占总出口的比重为 5.9%，因此这部分并未包括进去；德国的数据只包括对欧洲国家的出口数据。

资料来源：阿根廷的数据来自 Rotondo et al.（2009）；巴西的数据来自 SEBRAE（2011）；智利的数据来自 ILO/SERCOTEC（2010）；西班牙的数据来自 OECD（2012）；法国、德国和意大利的数据来自 Eurostat（2008）。

对阿根廷、巴西、哥伦比亚、墨西哥和欧洲国家企业入场率和生存率进行比较发现，它们的企业活力（Bartelsman et al.，2004）存在巨大差别。墨西哥的入场率高于阿根廷、巴西和大部分欧洲国家。但是墨西哥中小企业的生存率则低于拉美地区其他国家，这意味着墨西哥具有入场容易、但中期生存则较困难的商业环境。虽然没有对所有拉美国家的企业活力情况进行详细分析，但我们必须记住，拉美地区的多样性表明，生产环境决定着中小企业的表现。

在高度波动的经济周期中，企业的破产率与其规模呈反相关，企业规模越小的正规企业，新企业的入场率越低

企业运营的经济环境

影响中小企业表现并可通过公共政策调整改变的敏感要素中包括商业环境和生产结构。商业环境和生产结构又包括资金、技术和人力资源的可获性以及是否存在生产联系。拉美地区的商业环境和生产结构对中小企业的发展有着重要影响。

商业环境

比较显示，发达经济体与拉美国家的新企业的入场成本显著不同。较发达国家的经历表明，体制力量、工业部门扶持计划、教育制度尤其是科技制度、宏观经济条件、市场规模、资金的可获性及其质量等其他要素，对中小企业的特征和能力有强烈影响（Lundvall，1992；Nelson，1993；Lazonick，2008）。以上要素之间的正常联系便于"熊彼特型"中小企业的生存，这一类中小企业有能力进行促进经济增长的开拓创新。虽然在欠发达国家中也有这种企业，但是不多。相反，如果真有的话，也只是从事那些缺乏活力和极少创新活动的企业增加了。欠发达国家的企业很难缩小在科技和竞争力方面的差距。

正如在较发达国家所看到的那样，体制力量、推动工业部门发展的计划、教育制度尤其是科技制度、宏观经济条件、市场规模及其资本的可获取性和质量等因素都对中小企业的特征和能力有强烈的影响

造成拉美地区这种二元性的因素有多种：首先，存在国民收入分配不公、高贫困率或制度建设落后等社会经济因素，造成了增加知识和资金可获性难度的环境，再加上缺少建立有活力和创新型企业的机遇（Stam y van Stel，2011）；其次是规章制度：在拉美，办理注册和开办企业的所有手续需要大量的成本和时间，这是中小企业发展的主要障碍之一（见图 2.2）。虽

然拉美国家在图 2.2 所示的三个指标方面取得了进步，但是仍落后于其他地

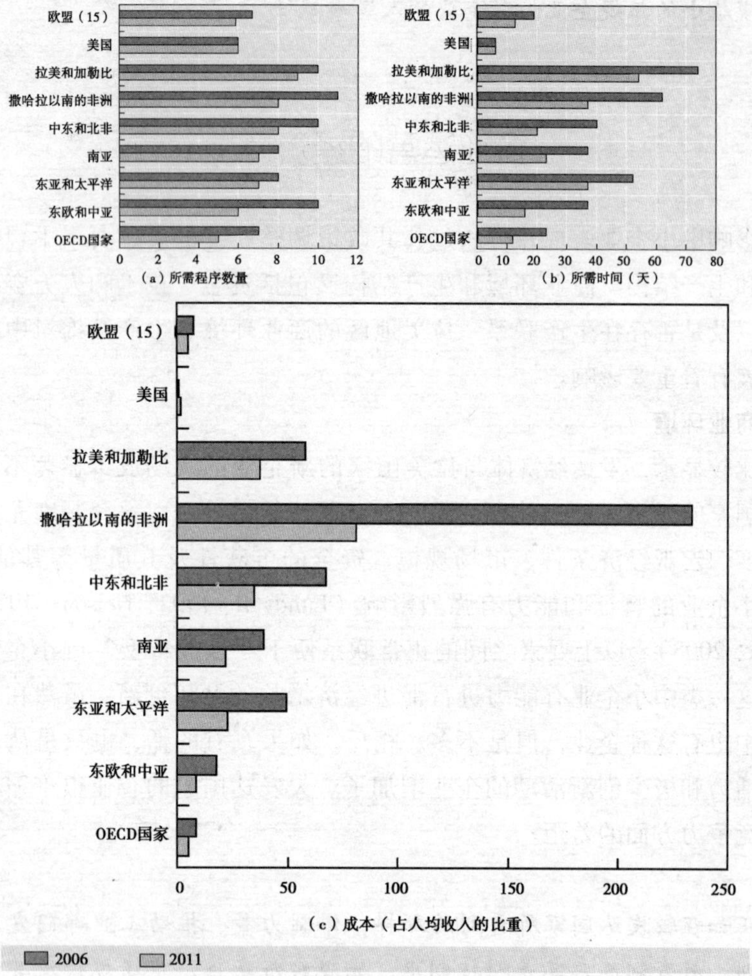

图 2.2 开办一家企业的成本指标

（程序的数量，所需天数和占人均收入的百分比）

资料来源：世界银行（2012），载 http：//dx. doi. org/10. 1787/888932732557.

区和全球平均水平。这些问题导致企业成本提高，以至于其占拉美人均收入的比重达到了 OECD 国家的 8 倍（ECLAC/IDB/OAS，2011）。而在办理企业歇业时也有相似的管理问题。根据国际劳工组织（ILO）和世界银行的数据，在拉美关闭一家企业并对其资产进行清理平均要花 4 年的时间，而债权

人只能收回 17% 的债务。相比而言，在 OECD 国家，关闭一家企业和清理资产所需时间平均为 1.7 年，债权人能收回 68% 的债务（Tueros et al.，2009；World Bank，2012）。拉美国家的管制措施阻碍了企业的创建和清算，促使微型和小型企业选择非正规经营方式（Capelleras y Kantis，2009）。拉美国家之间在这些方面也有重大差别。例如，智利、哥伦比亚和墨西哥在本章所提及的三个指标与较发达国家相似，但是其他国家的该指标则远远落后于较发达国家（见表 2.4）。

表 2.4　2011 年开办一家企业的成本指标

国家	所需程序步骤（个）	持续时间（天）	成本（占人均收入的百分比）
阿根廷	14	26	11.9
玻利维亚	15	50	90.4
巴西	13	119	5.4
智利	7	7	5.1
哥伦比亚	9	14	8.0
哥斯达黎加	12	60	11.1
多米尼加共和国	7	19	18.2
厄瓜多尔	13	56	28.8
萨尔瓦多	8	17	45.1
危地马拉	12	37	52.5
洪都拉斯	13	14	46.7
墨西哥	6	9	11.2
尼加拉瓜	8	39	107.9
巴拉圭	7	35	47.2
秘鲁	5	26	11.9
苏里南	13	694	115
乌拉圭	5	7	24.9
委内瑞拉玻利瓦尔共和国	17	141	26.1

资料来源：世界银行（2012）。

生产结构中的企业整合

决定拉美地区中小企业表现的另一个重要因素是该地区中小企业的生产结构问题。拉美最现代化的中小企业对本国生产的贡献无法与OECD国家的同行相比（见图示2.1和图示2.2）。在OECD国家，中小企业只有生产不需与大型工业企业批量生产的产品进行竞争的特种产品和服务，才能在工业生产过程中生存下来。这些产品和服务通常是根据客户的要求而生产的。它们或是根据利基市场需求而小批量生产的产品或者是与客户服务（安装、定制、维修等）紧密相关的。这些中小企业或根据大型企业的需求提供服务，或主动增加服务产品以扩充自己的服务项目。在这些领域内，规模经济只扮演次要角色，而中小企业因其灵活性和贴近客户而脱颖而出。这种专业化生产对技术和商业条件的要求更高，其中一个特殊前提条件是持续创新的能力。大部分拉美中小企业并不具备以上条件，而且几乎所有的中小企业都参与知识密集程度低的标准化生产领域。在这些领域中，它们必须与大型生产商和（或）大型商业企业直接竞争。比如大众消费品（一般食品、鞋及服装）的大规模生产，拉美中小企业就不具备竞争优势。

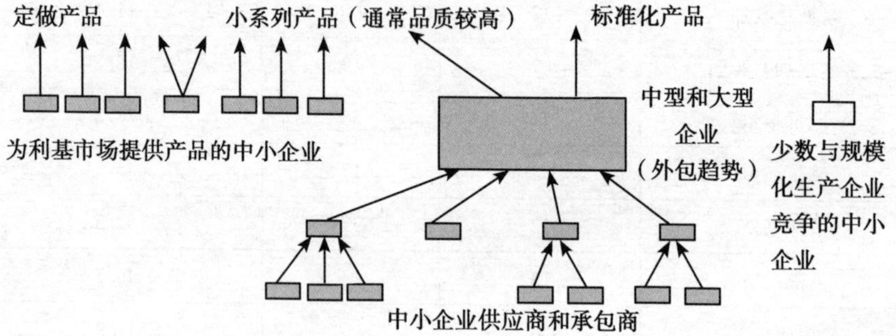

图示2.1　发达国家的典型工业组织

这种生产结构也会影响中小企业与其他经济实体组织进行联系的能力。许多拉美中小企业为低价细分市场提供传统消费品，并且使用创新空间很小的标准化生产流程，与大企业建立联系的能力受到极大限制。较大企业几乎不选择国内供应商，因为它们在质量和产量方面难以满足要求。这就出现了一种恶性循环，低生产率导致企业之间缺乏知识转移，反之亦然（Altenburg，2011）。因此，就形成了一种与发达国家大相径庭的局面，发达

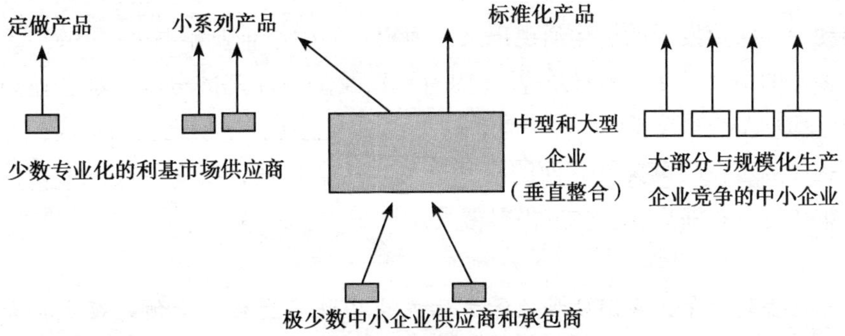

图示 2.2　发展中国家的典型工业组织

资料来源：Altenburg y Eckhardt（2006）. 载 http：//dx. doi. org/10. 1787/888932732595.

国家的中小企业主要是作为大型企业的供应商而存在的，或专门针对利基市场，且很少参与规模化生产。

发展政策的变化

在过去的 40 年里，拉美国家的中小企业政策经历了不同阶段。20 世纪 70 年代，某种程度上还包括 80 年代，采取了一些政策，但都是孤立的并非专门为中小企业而采取的战略性措施。尽管政府广泛地干预了经济，却也只是针对特定部门或企业组织而采取的行为。大部分国家还未开始结构改革。因此，中小企业至多被看成是应受保护的经济主体；它们并非是竞争力政策[3]或经济发展计划的目标。当时，干预中小企业的主要形式是一级信贷计划。

20 世纪 80 年代末至 90 年代中期（也许是因为国家中立的极端观点的影响，也许是因为以前政策的不幸结果），拉美国家采纳了“最好的政策是没有政策”的观点。90 年代初“华盛顿共识”提出了市场是最好的调节器和资源分配器的建议，促使上述观点得到进一步强化。

奇怪的是，“华盛顿共识”有助于人们重新关注中小企业。90 年代中期改革是不怎么成功的，它在拉美许多国家引起了高失业率及其他许多后果。高失业率促使人们的思想发生了转变，现在中小企业被当成了就业的潜在创造者，因此重新引起了学界和政界对这类企业的兴趣。在此期间，各种推动中小企业发展的机构涌现出来：阿根廷的中小企业秘书处（1997）、厄瓜多尔的中小型工业和工艺署（1999）以及萨尔瓦多的全国微小企业委员会（CONAMYPE，1996）。但是，这种对中小企业的重视程度的提高，并不总是伴随着在政策执行方面的实际进展，常常是宣言或文件被广为宣传而政策执行过程滞后，实际成果寥寥无几。

过去的十年，在制度和监管方面发生了许多变化，干预的领域扩大并得到改善。这些变化有利于中小企业的发展，而且拉美各国政府在促进这些企业的发展方面付出了更多努力，新的创新性机制随之出现

在拉美地区的几个国家中，对创造就业的担忧促使政府从一开始就把微型企业纳入中小企业政策设计的范畴。其中智利、厄瓜多尔和萨尔瓦多在这方面尤为明显。在秘鲁，中小企业政策只面向微型和小型企业，而不包括中型企业。[4]一般来讲，如果政府把微型企业纳入其政策考量，与其说是对企业发展经过了一段时间的反思的结果，不如说是试图解决本国失业、边缘化和非正规经济的努力。

由于没有明确的分析框架，政策的重点已经转移到减贫和增加就业上，提高竞争力和刺激出口的目标逐渐消失。中型企业冒着在扶持政策中被边缘化的风险，因为某些干预政策是专门针对更有活力的企业的（如瞪羚企业，新的风险企业、更多的知识密集型行业以及有潜力进入国际市场的企业）。

过去的十年，制度和监管方面发生了许多变化，干预的领域不断扩大和改善。对中小企业兴趣的日益增长，导致政府更加坚决地制定专门发展这些经济主体的措施，其中有许多是创新的新政策。尤其是在促进企业合作、生产联系和融资方面。然而，大部分国家仍需要更多时间来考虑中小企业对发展和改变生产模式的贡献，它们只认识到中小企业对创造就业机会的一般意义，其发展政策对中小企业的作用也被忽视了。

政策的制度背景

为了理解政策设计的特殊背景，必须着重分析两个方面：制度框架和管制框架。一般来说，中小企业政策从根本上说是依赖于宏观经济政策并从属于竞争力政策的，虽然在过去的十年里后者出现了积极的变化。20 世纪 90 年代，中小企业的扶持政策仅仅是一系列刺激竞争力的措施之一。从那以后，形势发生了变化，竞争力政策几乎完全局限于对中小企业的扶持上。但是，巴西已经利用工业政策来扶持中小企业的发展。

由于负责支持中小企业发展的机构获得了更大的自主权，这些机构因而可以提高自身设计和执行政策的能力，有助于提高员工的稳定性和职业水准，使行政管理程序变得更加快捷和灵活。但是更大的自主性也能打破中小企业扶持政策与促进生产发展的国家指导方针之间的关联性

制度框架

实际上，制度框架是很复杂的，因为它并非仅仅由正式负责促进中小企业发展的机构制定的，而是由不同的组织和机构制定的。即使在非联邦制政治—行政结构的国家，一般来讲，也有不同的机构负责设计和实施支持中小企业的计划，它们中可能有银行、出口促进机构、公共培训机构、政府劳动部门、外交部门甚至民政部门。

各国负责促进中小企业发展的主要机构在其独立性和政治影响力等方面存在着显著差异。独立性水平达到一定程度的机构，可能具备更高的设计和实施政策的能力。总体上，这些机构可以作出更长远的规划，可能使其政策和计划更具有持续性，使其员工更具稳定性和职业水准，使其管理过程更加灵活（Angelelli, 2007）。这些因素有助于培养一个机构的学习机制。在两个拉美国家，中小企业主要促进机构具有高度自主权：巴西的 SEBRAE 和智利的生产开发公司（CORFO）。但是，近年来即使在这两个国家也仍未认识到这些机构自主权所拥有的一些潜在好处。在巴西和智利，由于政府变更或政府施政重点发生变化，尽管计划没有中止，但是计划方案及负责实施的技术人员发生了变化（Kulfas y Goldstein，2011）。尚不清楚这些机构，甚至那些比本地区其他国家更具自主权的机构，是否真正能不受政治周期影响。[5]

发展机构拥有更大的自主权，增加了其战略可能会改变国家生产发展指导方针的风险（如果事实上已经制定了这样的指导方针）。它们支持中小企业与政府部门（生产、工业或金融等部门）建立密切联系的潜在好处是：促进专门针对中小企业的扶持政策与国家经济发展议程相结合。但是，并没有明确的证据表明拉美也出现了这种情况（Ferraro，2011；Ferraro y Stumpo，2010）。

至于扶持中小企业的开发机构是否被列入政府部门的问题，虽然在过去的 20 年里，许多国家进行了体制改革，把开发机构提升至副部级或国务秘书处的水平，但是它们在政府中的新职级并未被转化为更大的行政权。不管这些机构是否已经成为副部、国务秘书处或副国务秘书处，支持中小企业的主要机构仍然是国家或地方的一个部门（见表 2.5）。在拉美地区，负责发展中小企业的机构的类型有很大差异，有私人公司（通常附属于某个部），也有副部级政府部门。在机构发展方面各国存在着重要差别。有助于把这些机构转变成实力强大的部门的要素有很多：持续的国家中小企业战略指导方针，发展机构已经存在了很长时间，虽然是较次要的因素，机构被赋予更大的自主性。像巴西的 SEBRAE 这样具有丰富经验、范围和运营能力的，以及像墨西哥的中小企业基金这样新近建立的机构，极大地提升了自身组织和机构的地位。除此之外，还有其他成立更早的一些机构，如萨尔瓦多的 CONAMYPE。还有一些已经采取了一系列孤立的、缺乏相互协调和持续性措施，如多米尼加共和国、厄瓜多尔、巴拉圭，秘鲁、乌拉圭和委内瑞拉等国的机构（Ferraro，2011；Ferraro y Stumpo，2010）。

表 2.5　拉美的开发机构

国家	机构	所属部
阿根廷	中小企业和地区发展国务秘书处	工业部
玻利维亚	负责微、小企业的副部级机构	生产发展和多元经济部
玻利维亚	负责中型和大型企业的副部级机构	生产发展和多元经济部
巴西	巴西微、小企业支持服务机构（SEBRAE）	独立
智利	生产开发公司（CORFO）	独立
智利	技术合作服务（CERCOTEC）	经济、发展和旅游部
哥伦比亚	微、中小企业局	贸易、工业和旅游部
多米尼加共和国	促进和支持 MSMEs 理事会	工业和贸易部
厄瓜多尔	中小微企业和工艺品署	工业和生产率部
萨尔瓦多	全国微型和小型企业委员会（CONAMYPE）	经济部
危地马拉	微、中小企业署（副部级）	经济部
洪都拉斯	微、中小企业署（副国务秘书处）	工业和贸易国务秘书处
墨西哥	中小企业署（副国务秘书处）	经济国务秘书处
尼加拉瓜	尼加拉瓜微、中小企业发展计划（PROPYMES）	发展、工业和贸易部
秘鲁	微小企业和合作社管理总局	生产部
乌拉圭	全国工艺和中小企业局	工业、能源和矿业部
委内瑞拉	小、中型工业发展研究院	人民政权工业部

资料来源：以各国官方数据为基础。

负责制定和执行政策的机构必须解决人力和财力方面的巨大限制。所有机构的预算占 GDP 的比重都不到 0.1%，许多国家还不到 0.01%（见表 2.6）。这些数据与大部分国家中小企业对生产结构的贡献形成鲜明对比，无论是从企业数量还是从它们所创造的就业机会来讲都是如此。近年来，一些国家（如阿根廷、巴西、厄瓜多尔、萨尔瓦多和墨西哥）已意识到这一点，提高了对该部门的财政投入。但是预算投入的提高并不代表其占 GDP 或政府支出的比重发生了变化。[6]此外，许多机构的资金并非主要来自国家预算。例如在萨尔瓦多，2006 年，CONAMYPE 预算的 58% 来自外部资金。2007 年巴拉圭的机构的几乎所有预算来自国际合作。在其他国家，某些具有重要战略意义的领域，如贷款，基本是外部资源。[7]在这种情况下，是否能获得资金取决于并非由应当负责落实政策的国家主管部门做出的战略决策，从而影响了计划的持续性。

表2.6　中小企业发展机构的支出（2005年）（占GDP的比重,%）

国家	支出	国家	支出
阿根廷	0.004	洪都拉斯	0.005
巴西	0.085	墨西哥	0.015
智利	0.030	尼加拉瓜	0.022
哥伦比亚	0.008	巴拿马	0.027
哥斯达黎加	0.004	巴拉圭	0.005
多米尼加共和国	0.033	秘鲁	0.004
厄瓜多尔	0.005	乌拉圭	0.002
萨尔瓦多	0.019	委内瑞拉	0.024
危地马拉	0.006	拉丁美洲	0.018

资料来源：ECLAC，以各国官方数据为基础。

很多时候，机构能力差与预算限制相结合，降低了中小企业政策的效率。因此重要的是，不仅要提高这些开发机构的预算配置，还要显著改善其制定战略、政策及扶持工具和机制的能力。

监管框架

要考虑的第二个重要问题是要制定专门针对中小企业的具体的法律框架，这将有助于提高政策的稳定性和持续性，使政策结果更容易预测。除了划定开发政策的受益者范围外，这一法律框架还应反映其战略目标，或者至少包括其总体的指导原则，在某些情况下还可以制定具体的政策（Kulfas y Goldstein，2011）。早在20世纪80年代，一些国家就已开始制定专门针对中小企业的规章制度，[8]但是只有在最近才开始传播。例如，在阿根廷，1997年通过了《中小企业法案》，2000年进行了修定。在巴西，1996年通过了《微、小企业法案》（第9317号法令），1999年通过了《微、小企业条例》（第9841号法令），2006年通过的《微小企业总法》则建立了一套新的法律框架。2010年，智利通过了《中小企业条例》（第20416号法令）。2002年，墨西哥通过了《发展微、中小企业竞争法》。以上这些措施说明中小企业被逐步纳入国家战略以及其作用和地位得到更加准确定位的趋势。

在一些国家，这些新的法律巩固了已有措施，强化了已实施多年的指导原则。巴西和智利的情况就是如此。而在其他国家，新法为采取新的行动战略奠定了基础。这方面的最重要经验来自墨西哥。2001 年墨西哥建立微、中小企业署（副国务秘书处），随后又于 2002 年通过了《发展微、中小企业竞争法》，标志着改革的开始。在这一框架内，墨西哥政府出台了三个支持中小企业发展的计划：微中小型企业扶持基金（FANPYME），微中小型企业融资扶持基金（FOAFI），支持生产链一体化基金（FIDECAP）。2004 年，微、中小企业署（副国务秘书处）合并了以上三个计划，创建了中小企业基金（SME FUND），该机构利用一种新的、综合的方法，已成为墨西哥最主要的中小企业促进机构。

目标和战略

中小企业在发展过程中的地位反映在为这些企业设计的发展政策的目标上。因此，拉美地区不同国家因其赋予中小企业的不同角色和基本概念而有重大差别。

扶持中小企业发展的政策和措施有不同的目标，这本身不会成为一个问题，但是在实践中，却需要拉美国家拥有其普遍缺乏的机构能力和政治工具的连贯性

的确，在过去的 20 年里，与支持政策和措施相关的目标数量已经逐渐减少，但是仍有一种目标过剩的现象，这在许多情况下并非适当。在理论上，扶持中小企业的政策目标是创造就业、增加出口、提高生产率、改善创新能力和竞争力、培育人力资本和减少市场缺失。在一些拉美国家，促进地区发展也是目标之一。以上目标并非同时成为所有国家的目标。一些国家接受了其中的三到四个目标，如厄瓜多尔和哥伦比亚（Burneo y Grijalva，2010；Zuleta，2011）。而有些国家则同时设定了 6 个或 6 个以上目标，如巴西、智利、萨尔瓦多和墨西哥（Belmar y Maggi，2010；Pessoa de Matos y

Arrojo, 2011; Cabal, 2010; Brown y Domínguez, 2010)。采用多重目标本身不会成为一个问题，但在实践中它需要拉美地区拥有通常缺乏的机构能力和政治工具的连贯性。

设置多重目标的另一个问题是要确定其优先次序。一些负责设计和实施政策的机构仍不能确定优先目标。创造就业和提高竞争力通常被列为基本目标。但是提高竞争力只是偶尔被明确列为目标。有时，扩大中小企业对国内和国际市场（代替进口）的参与被列为目标之一。中小企业在积极参与发展整体经济方面的潜力，这一认识有时明确，有时较为模糊。有时，提高竞争力等同于加强中小企业在国内市场完全开放条件下的“生存”能力（Kulfas y Goldstein, 2011)。

设计和实施

寻求改变中小企业发展状况的政策只取得了有限的成果。[9] 应为此负责的是政策的设计和实施阶段。阻碍政策成果的其他方面还有政策背后的理论框架、机构和计划之间的协调以及负责公共政策的机构作出正确判断的能力。

理论框架

在理论框架方面，重要的是要考虑到中小企业是一个高度多样化的经济主体。这影响到政策的选择，因此应该通过它们的目标、工具和实施方式来体现。对拉美中小企业的研究承认了它们的多样性，而且决策者们基本上也承认了这一点。但是，这并不能产生一种能证明这些干预手段的选择是正确的统一模式。

虽然，一些国家在这一方面已取得了进步。例如，巴西在制定政策时就考虑到了企业生命周期的不同阶段：企业家希望开办一家公司；成立时间不到两年的公司；超过两年的公司。然而，在墨西哥，2001 年建立 SPYME 才开始考虑这一过程的，2002 年的法案获得通过，2004 年成立中小企业基金，它覆盖了 5 种类型的企业（反映了中小企业发展可能经历的阶段）：新企业、微型企业、中小企业、瞪羚企业、市场驱动型企业。[10] 墨西哥的企业发展战略是围绕以下 5 个步骤而制定的：从培训“新的个体企业家”为开端，然后这些企业家把他们的企业变成微型企业，然后进一步发展成中小企业，逐渐成熟且保持持续高增长（年增长率为20%或以上）的中小企业转化成瞪羚企业，它们有资格接受所谓企业加速器的非政府机构的支持。这种支持使它们发展到下一阶段，与市场驱动型企业（大型企业）联合，整合成供应链或成为出口主导型中小企业。每个阶段都根据每个企业板块的特点而与一组特定的机制相关联。中小企业基金的作用主要是提供需求方补贴，但由此会产生限制性因素，对较小的、较少活力的企业来说尤其如此。然而，这一政策的一个重要的新特征是，它所计划、设计和执行的扶持措施是一个综合模式中的组成部分。

虽然有以上的案例存在，但在大部分拉美国家，明确或含蓄承认存在着多种受益人并未被转化成能指导所有干预行为的统一模式。这体现在“横向的”[11]、过度使用以需求方补贴理念为基础的政策工具。虽然这些计划取得的成就令人关注，但是它们包括了可能被证明是被夸大的假设。例如，这些计划假定企业能正确表达自身需求而且这样做足以创造市场。但是，对于较小的企业来说这似乎是不可能的。因此，补贴所创造的需求不一定能对这些企业面临的现实约束做出回应。

补贴创造中小企业所需的新市场的假设并不总是能变成现实。稳定而高效的政策并不一定能导致相关市场的出现。尤其是技术革新和培训方面的结果相当差。由此出现了一个似乎很重要的问题，即很难创建一个针对需要巨额投资的中小企业的服务市场，这些投资必须由应该提供服务的企业来提供。补贴似乎的确能成功地在不需要由投资顾问公司提供投资的领域提供服务，如行政、管理、计算和营销等领域。但是更多复杂的活动，如工业过程的培训和技术中心的活动，对于私人企业（其市场包括中小企业）来说这是非常大的障碍。

严格运用需求方补贴对中小企业造成严重的负面影响：需要大规模投资的市场难以生成，促进生产的政策工具主要是为了高效率的中小企业设计的，而大部分中小企业并未被考虑进去

严格运用需求方补贴对中小企业造成严重的负面影响。特定市场并未生成，如那些需要（希望为中小企业提供服务的企业的）大规模投资的市场。而且，开发生产的政策工具很难得到传播，而这些工具证明是有效的，因为它们主要是为大部分有活力的企业设计的，这些企业能明确界定自己的市场需求。大部分中小企业并不能被纳入其中。

因此，如果干预措施紧紧围绕需求方补贴而制定，那么它很可能只能扩大企业之间的差距。虽然少数有活力的企业能够有效运用既有工具，但是更多的企业却做不到这一点。因此，只有有活力的企业才会收获发展计划的回报，从而扩大它们与活力较少的企业之间在业绩和效率方面的差距（Ferraro y Stumpo，2010）。

机构与计划之间的协调

大量公共机构参与了政策的设计和实施，这就产生了不同干预措施之间的协调问题。如果主要的负责机构缺乏必要的能力、级别和资源以行使必要的领导权，那么不同干预措施之间的协调问题就会变得更加复杂，而不幸的是这往往发生在拉美地区。

如果通过第二级和第三级系统来实施这些计划，形势甚至会变得更加复杂。在这种情况下，就需要利用中介机构（有时是计划本身建立的），从而需要公共机构对它们实施高度监管和认证。尤其是，它们需要相互协作以确保整体政策目标、成效及实际受益人之间的协调一致。造成问题的原因是政策的不完整（或者它们的规定有欠缺），以及缺乏一个使计划和政策工具能有效协调和相互补充的指导性理论模型。[12] 中小企业的问题涉及创新、人力资源、资本和专家的技术援助等各个方面，但是，在统筹可用工具及最大限度地发挥对受益企业的影响方面的措施却乏善可陈。[13]

缺乏整体观念和机构之间的协调的问题还体现在政策工具的重复上。例如，在几个拉美国家中，同一国家的多个部委（财政、外交、民政等）各自都制订了鼓励中小企业携手合作的计划，并各有自己的目标和方法，彼此之间几乎没有什么联系。

拉美国家现有的大量鼓励中小企业发展的计划之间几乎没有相互协调性，许多政策在没有评估和吸取经验教训的情况下被一遍一遍地重复

虽然中小企业具有高度的多样性，分属不同的行业，分布在不同的地理位置，这在一定程度上解释了为什么有如此多的计划以及为什么不同计划之间没有建立必要的相互协调。因此，经历被重复，有时一遍一遍地重复，没有做出任何相应的评估。更重要的是，没有吸取任何有助于重新设计和调整的经验教训。企业为获得相关计划的信息而付出过于昂贵的交易成本（Ferraro y Stumpo，2010）。

判断能力

开发机构的战略指导方针和计划所做的有关中小企业的假设，并非总能经得起彻底和严格的推敲。这有可能导致在挑选受益人群体、工具甚至目标的时候会发生错误。在拉美，几乎不存在有助于更好地理解中小企业特征、判定企业表现、监控政策实施成效的稳定机制。因此，必须考虑到拉美地区信息系统的状况，并对与开发政策的设计和执行有关的机制进行评估。

在拉美，扶持政策的信息系统要么不完善，要么根本不存在。近年来，发展机构对政策受益人的统计数据表现出越来越大的兴趣。这是因为，长期以来，政策的设计是建立在孤立的、不可靠的数据基础之上的，而且这一点已经得到广泛的承认。例如，在阿根廷，就业和企业活力观测台（OEDE）的经历就是如此，它是由就业研究和政策制定总理事会管理的，附属于就业部下属的技术规划和劳动研究副国务秘书处。OEDE 成立于 2003 年，是通过拉美经委会和就业部共同实施的技术援助计划而建立的。该观测台每月收集约 90 万家（如果不包括专营商，就是 40 万家）正规企业的信息。这是拉美地区的一个独特的项目，因为它利用公共机构收集行政管理记录。[14]另一个重要经验是 2007 年阿根廷 SEPYME 实施的中小企业地图（MAPA PyME）计划，它通过对 1 万家企业进行的每两年一次的调查，收集了有关规模较小的企业的经济动态的关键数据，从而提供有关中小企业的新信息。[15]在巴西，SEMRAE 运用一个重要的定量要素进行研究，对微小企业的一般特征及贷款的可获性、企业生存及关闭等要素的某些特定方面进行了分析。

近年来，决策者们对评估中小企业支持项目的机制表现出越来越大的兴趣。在智利，一家外部机构——智利大学，于 1996 年和 2002 年对 PROFO 发展计划进行了评估，2004年又对全国技术和生产发展基金（FONTEC）进行了评估。2004年和2005年，萨尔瓦多分别对支持微小企业发展的计划和技术援助基金（FAT）进行了评估。在墨西哥，自成立以来中小企业基金已经被评估了若干次。

总之，仍没有形成系统的评估机制并使其成为整体计划的一部分，也没有建立一套反馈机制作为干预手段和模式的组成部分。然而，上文描述的经历表明，过去的10年来已经取得了进步，决策者们比过去更加关注对扶持中小企业的干预措施的成效进行评估。

结论和建议：中小企业新政策的前景

自20世纪90年代后半期以来，中小企业扶持政策已经发生了重要变化。在巴西和墨西哥等一些国家，这方面的变化更为突出。在另一些国家，不仅改变了监管和制度框架，而且拓宽了干预领域（尤其是通过生产联动计划）。虽然通过少数个别措施取得了一定的成果，但是总的来说，政策并未对中小企业业绩产生显著影响。

在建立新的政策议程之前必须处理某些关键问题。首先，建立分析框架，使其在引导干预措施并变得更加协调一致方面取得进展。这包括，必须明确作为整体的中小企业及其每个组成部分在本国生产和经济发展中的不同地位。还包括，必须承认受益者的异质性及不同行业的潜力，及用来划定受益者的行业边界。虽然大部分国家已经把微型企业纳入其企业发展政策，但是以上界线并非总是清晰的。例如，在扶持中小企业的政策背景下，存在这样的疑虑：如果扶持计划把受益者假设成具有增长潜力的企业，是否应把非正规企业和专营商以及没有实际增长潜力的所有为生存而成立的企业纳入该扶持计划？其次，是否应把经济和竞争力目标与其他社会目标和减贫目标明确区分开来？

扶持中小企业的政策应与本地区国家的生产率发展指导方针相适应，并使其成为那些努力的一部分

一旦承认了受益者的异质性，这些目标必须与这些企业的特征相一致。某些领域为企业产生互补性资产，允许存在行业性政策和方法。但是，更重要的是要界定能有效适应各种具有不同能力和潜力的企业的目标、工具及干预方法。例如，规模更小的企业不可能有助于提高竞争力，不能对以需求方补贴为基础的方法做出充分回应。但是，它们却需要更强有力的支持和管理。中等规模和高增长的企业可以与产生新行业的目标相结合，进入国际市场，开发生产链，它们更有可能对特殊激励措施作出回应。划定受益者的范围并不意味着排斥某些行业，而是适应和追踪支持经济主体具体情况的目标和机制。

关于这一点，还有必要加强国家中小企业扶持政策与更广泛的生产转型规划（如果有的话）之间的协调。如果中小企业的扶持政策不包括社会目标，就必须把它纳入改变生产结构的措施之中。拉美结构多样性的特征之一是企业和结构网络高度分散。考虑到众多中小企业与最重要的生产部门的整合程度很低，中小企业扶持政策必须符合国家发展生产的指导方针，使之成为国家发展生产指导方针的一部分。这对于最有活力的中小企业来说尤为重要，因为它们可以成功地成为国家生产链的一部分，与大型企业相衔接从而进入国际市场或者有助于新行业的产生。面向中小企业的措施应被共同视为更大的产业政策框架的一部分。

政策必须经历一段时间的成熟期和持续的反馈。这就要求不管处于何种政治周期，都要有成熟的制度以保证干预政策的连续性和可持续性。此外，还要求对取得的成果、所采用的工具和方法的效用以及上文提到的各种要素（分析框架、目标、聚焦能力以及与国家发展规划的一致性和整合）的有效性进行反思。同时，需要有进行监控和调整干预措施的机制，这意味着监控系统和评估工具是非常重要的。

此外，作为一个先决条件，还有必要建立一种分析框架和根据经济主体的特征而采取重点行动。这些特征包括：根据信息系统（是根据政策需要而建立的）产生和更新判断的能力。在拉美，由于定量信息如此之少，以至于很难判断受益企业的境遇和表现，也很难对评估机制的应用情况作出评估。若干国家拥有他们不利用或者未充分利用的信息来源。[16]拉美地区的大部分国家，虽然文中提到过创新计划，但是这方面的表现一直比较差。

成效寥寥说明缺乏决心和没有看到信息的重要性，这些信息可能促使负责中小企业发展的机构制定政策并对政策作出正确评估。

【注 释】

[1] 例如，据估计，在美国和部分欧洲国家，企业的进入和退出占劳动生产率增长的20% ~40%（OECD, 2003）。同样，Baldwin（1995）发现，美国制造业生产率增长的20% ~25% 都是通过这一过程而产生的。

[2] 在阿根廷和智利，这两个标准一直被用来评估官方数据与实际数据之间的差距。结果发现，官方关于中小企业对总就业人数的贡献率的数据高出了 7%，而智利的官方数据则高出了 20%（Stumpo, 2007）。

[3] 这里的“竞争力政策”是指为了提高本国经济对全球经济的参与而专门为最有活力的经济主体制定的一系列政策措施。

[4] 总的来说巴西是一个不同的案例。虽然 SEBREA 自创建以来一直致力于支持微小企业的发展，但是它并不把中型企业排斥在其公共政策之外，而且它还建立了几个促进产业发展和提高竞争力的计划。

[5] 例证之一是阿根廷的中小企业和地区发展国务秘书处（SEPYME），它自 1997 年（当时归属于财政部的“中小企业局”）创办以来至少经历了 10 年的不同寻常的体制不稳时期（Sztulwark, 2010）。

[6] 执行政策可得资金高于表 2.6 所显示的数额，因为除了负责支持中小企业的主要机构之外，还有其他机构参与这些直接或间接有助于中小企业的计划。然而，这些数据表明与这些政策（常常希望覆盖本国 90% 以上的企业）相关的声明、意图和机构的授权与其对中小企业可能产生的影响这两者之间存在着巨大的差距。

[7] 这就是阿根廷和智利所发生的情况（Belmar and Maggi, 2010; Sztulwark, 2010）。

[8] 例如，在哥伦比亚，1988 年通过的 78 号法令包含了一系列有利于微型、小型和中型工业企业发展的条款。2004 年通过的 905 号法令又为中小企业发展政策规定了一个新的体制框架。

[9] 但是，也有这样的计划，其中一些极有创意，在特定的、通常是相当有限的受益群体中获得了积极的成效。这已在其他章节中进行了讨论。

[10] 市场驱动型企业是为国家创造就业和增长的大型企业。它们是中小企业成长的重要市场，可为中小企业外包创造机会。

[11] 这里的“横向”既指不设置优先部门和干预领域的决定，也指把从这些政策中受益的所有企业看成具有应对市场刺激的同等能力的趋势，澄清这一点是很重要的。

[12] 与选择何种模型无关。

[13] 例子之一是对金融和非金融工具进行区分。通常，金融工具包括不同的机构、目标和以及受益于非金融工具的受益者。

[14] 这方面的经验来自对就业市场研究（包括与企业发展有关的研究）的关注，从而发现了有关中小企业的信息并开创了与中小企业有关的研究领域。要获得更多信息，请浏览 OECD 网站：www. trabajo. gov. ar/left/estadisticas/oede/index. asp.

[15] 遗憾的是，该计划的影响已很微弱。

[16] 尤其是那些与行政、财政和社会安全有关的记录。

【参考文献】

[1] Altenburg, T. (2011), "Industrial Policy in Developing Countries. Overview and lessons from seven country cases", Discussion Paper 4/11, German Development Institute, Bonn.

[2] Altenburg, T. y U. Eckhardt (2006), Productivity Enhancement and Equitable Development: Challenges for SME Development, UNIDO, Viena.

[3] Angelelli, P. (2007), "Las agencias de apoyo a la pymes y el Banco Interamericano de Desarrollo. Areas de oportunidad para nuevas operaciones", Serie de Informes de Buenas Prácticas del Departamento de Desarrollo Sostenible, BID, Washington, DC.

[4] Baldwin, J. R. (1995), The Dynamics of Industrial Competition: A North American Perspective, Cambridge University Press, Cambridge.

[5] Banco Mundial (2012), Doing Business, disponible en http: //doingbusiness. org

[6] Bartelsman, E., J. Haltiwanger y S. Scarpetta (2004), "Microeconomic Evidence of Creative Destruction in Industrial and Developing Countries", Policy Research Working Paper Series 3464, Banco Mundial. Washington, DC.

[7] Belmar, C. y C. Maggi (2010), "Políticas e instituciones de fomento de las pymes en Chile", en C. Ferraro y G. Stumpo (comps.), Políticas de apoyo a las pymes en América Latina. Entre avances innovadores y desafíos institucionales, CEPAL, (LC/G. 2421-P), Santiago.

[8] Brown, F. y L. Domínguez (2010), "Políticas e instituciones de apoyo a la pequeña y mediana empresa", en Ferraro, C. y G. Stumpo (comps.),

Políticas de apoyo a las pymes en América Latina. Entre avances innovadores y desafíos institucionales, CEPAL, (LC/G. 2421-P), Santiago.

[9] Burneo, M. y W. Grijalva (2010), "Políticas e instituciones de apoyo a las pymes en el Ecuador", en C. Ferraro y G. Stumpo (comps.), Políticas de apoyo a las pymes en América Latina. Entre avances innovadores y desafíos institucionales, CEPAL, (LC/G. 2421-P), Santiago.

[10] Cabal, M. (2010), "Políticas e instituciones de apoyo a las micro, pequeñas y medianas empresas: la experiencia de El Salvador", en C. Ferraro y G. Stumpo (comps.), Políticas de apoyo a las pymes en América Latina. Entre avances innovadores y desafíos institucionales, CEPAL, (LC/G. 2421-P), Santiago.

[11] Capelleras, J. -L. F. J. Greene y H. D. Kantis (2009), "La velocidad de creación de nuevas empresas y su relación con el crecimiento. Un análisis empírico en cuatro países de América del Sur", en J. L. Capelleras y H. Kantis (coords.), Nuevas empresas en América Latina: factores que favorecen su rápido crecimiento, Universidad Autónoma de Barcelona, Universidad Nacional de General Sarmiento y AECID (Ministerio de Asuntos Exteriores y Cooperación).

[12] CEPAL (Comisión Económica para América Latina y el Caribe) (2010), "Heterogeneidad estructural y brechas de productividad: de la fragmentación a la convergencia" en CEPAL (2010), La hora de la igualdad. Brechas por cerrar caminos por abrir, documento del Trigésimo tercer período de sesiones de la CEPAL, Brasilia, 30 de mayo a 1 de junio de 2010, Naciones Unidas, CEPAL, Santiago.

[13] CEPAL, BID (Banco Interamericano de Desarrollo) y OEA (Organización de los Estados Americanos) (2011), Experiencias exitosas en innovación, inserción internacional e inclusión social. Una mirada desde las pymes, Naciones Unidas, Santiago.

[14] Cimoli, M. (ed.) (2005), Heterogeneidad estructural, asimetrías tecnológicas y crecimiento en América Latina, Naciones Unidas, CEPAL/

BID, Santiago.

[15] Crespi, G. (2003), Pyme en Chile: nace, crece y…muere. Análisis de su desarrollo en los últimos siete años, FUNDES, Andros Impresores, Santiago.

[16] Dini, M. y G. Stumpo (coords.) (2004), Pequeñas y medianas empresas y eficiencia colectiva. Estudios de caso en América Latina, CEPAL-Siglo XXI Editores, México, D. F.

[17] Eurostat (2006), Structure of Earnings Survey 2006, disponible en: http://epp.eurostat.ec.europa.eu/portal/page/portal/labour_market/earnings/database.

[18] Eurostat (2008), International trade by enterprise characteristics, http://epp.eurostat.ec.europa.eu/statistics_explained/index.php/International_trade_by_enterprise_characteristics.

[19] Ferraro, C. (comp.) (2010), Clusters y políticas de articulación productiva en América Latina, CEPAL/FUNDES, Naciones Unidas, Santiago.

[20] Ferraro C. (comp.) (2011), Apoyando a las pymes: Políticas de fomento en América Latina y el Caribe, CEPAL, LC/R. 2180, Santiago.

[21] Ferraro, C. y G. Stumpo (comps.) (2010), Políticas de apoyo a las pymes en América Latina. Entre advances innovadores y desafíos institucionales, CEPAL, (LC/G. 2421-P), Santiago.

[22] Kulfas M. y E. Goldstein (2011), "Alcances y limitaciones de las políticas de apoyo a las pymes en América Latina. Debates para un nuevo marco conceptual y de implementación" en C. Ferraro (comp.) (2011), Apoyando a las pymes: Políticas de fomento en América Latina y el Caribe, CEPAL, LC/R. 2180, Santiago.

[23] Lazonick, W. (2008), "Entrepreneurial Ventures and the Developmental State: Lessons from the Advanced Economies", Discussion Paper No. 2008/01, UNU-WIDER, Helsinki.

[24] Lundvall, B. (ed.) (1992), National Systems of Innovation: Towards a Theory of Innovation and Interactive learning. Pinter, London.

[25] Nelson, R. (1993), National Innovation Systems: A Comparative Analysis, Oxford University Press, New York, Oxford.

[26] OCDE (2004), Understanding Economic Growth, OCDE, París.

[27] OCDE (2010), High-Growth Enterprises. What Governments can do to make a difference, OCDE, París.

[28] OCDE (2011), Entrepreneurship at a Glance 2011, OCDE, París.

[29] OCDE (2012), Entrepreneurship at a Glance 2012, OCDE, París

[30] OIT - SERCOTEC (2010), La situación de la micro y pequeña empresa en Chile, OIT, Santiago.

[31] Peres, W. y G. Stumpo (2002), "La dinámica de las pequeñas y medianas empresas industriales en América Latina y el Caribe", en W. Peres y G. Stumpo (comps.) (2002), Pequeñas y medianas empresas industriales en América Latina, CEPAL-Siglo XXI Editores, México D. F.

[32] Pessoa de Matos, M. y A. Arrojo (2011), "Políticas de apoyo a micro y pequeñas empresas en Brasil: avances recientes y perspectivas", en C. Ferraro (comp.) (2011), Apoyando a las pymes: Políticas de fomento en América Latina y el Caribe, CEPAL, LC/R. 2180, Santiago.

[33] Rotondo, S., Rivas, D. y Yoguel, G. (2009), "Pymes exportadoras industriales en el nuevo contexto macroeconómico (2003 ~ 2006)", en Stumpo, G. (Coord.) La especialización exportadora y sus efectos sobre la generación de empleos. Evidencia para Argentina y Brasil, CEPAL (LC/W. 264), Santiago.

[34] SEBRAE (Servicio Brasileño de Apoyo a las Micro y Pequeñas Empresas) (2007), Fatores condicionantes e taxas de sobrevivência e mortalidade das micro e pequenas empresas no Brasil 2003 ~ 2005, SEBRAE, Brasilia.

[35] SEBRAE (2011), As micro e pequenas empresas na exportacao brasileira, SEBRAE, Brasilia.

[36] Stam, E. y A. Van Stel, (2011), "Types of Entrepreneurship and Economic Growth" en A. Smirzai, W. Naudéy M, Goedhuys (eds.), Entrepreneurship, Innovation and Economic Development, Oxford University

Press.

[37] Stumpo, G. (2007), "Políticas de apoyo a las pequeñas y medianas empresas en América Latina: situación actual y desafíos", revista Desarrollo Pyme, No 1, abril, SEPYME, Buenos Aires.

[38] Sztulwark, S. (2010), "Políticas e instituciones de apoyo a las pymes en la Argentina", en C. Ferraro y G. Stumpo (comps.), Políticas de apoyo a las pymes en América Latina. Entre avances innovadores y desafíos institucionales, CEPAL, (LC/G. 2421-P), Santiago.

[39] Tueros, M., M. Dini, P. Polo, L. Poma y L. Henriquez (2009), Crisis internacional y políticas para las pymes. Desafíos y oportunidades para América Latina y Europa, EUROsociAL-Empleo/Centro Internacional de Formación de la Organización Internacional del Trabajo (OIT), Turín.

[40] Yoguel, G., V. Castillo, E. Ferlan, A. Filippo y S. Rojo Brizuela (2004), "Patrones básicos de rotación de empresas en Argentina hacia el final de la convertibilidad", CEPAL y Ministerio de Trabajo, Empleo y Seguridad Social de la República Argentina, mimeo.

[41] Zuleta L. A. (2011), "Políticas e instituciones de apoyo a las pymes en Colombia", en C. Ferraro (comp.) (2011) Apoyando a las pymes: Políticas de fomento en América Latina y el Caribe, CEPAL, LC/R. 2180, Santiago.

第三章　拉丁美洲中小企业融资

近年来拉美中小企业在融资渠道、条件和成本等方面取得了显著进展，但与大型企业相比仍相差甚远。中小企业是拉美主要的生产单位，上述问题严重阻碍了中小企业发展。拉美融资体系的发展，尤其是从关系型银行到多功能型银行的转变，限制了中小型企业获取信贷的渠道。公共金融机构对缩小中小企业与大型企业融资差距上做出了重要贡献，且增加了多种新型工具来满足中小企业的需求。然而，为了更好地发挥中小企业的潜能，必须使这些企业有渠道获取更多的金融和非金融资源。公共行为在这个领域大有可为，政府和私有部门都应积极参与。拉美地区需要灵活、全面的公共融资政策，为中小企业提供培训、生产联系和创新的平台。

导　言

中小微企业是生产力发展、创造就业和降低结构异质性的主要经济发展引擎，然而其重要性与其融资渠道的稀少形成鲜明对比。融资规模、生产力水平、创新能力及融入全球价值链等因素成为衡量一家企业的关键。中小微企业所面临的融资困难及获取信贷的不利条件仍是企业巩固和发展的主要障碍。要介绍拉美中小企业融资的特点，就必须分析拉美金融体系的结构与演变，理解体系中的哪些特征是影响中小企业融资的主要因素。巩固发展合适、有利的金融体系是推动拉美地区尤其是中小微企业生产发展的基础。[1]

本章讲述的是拉美中小企业的融资问题，共分为 4 个小节和 1 个附件：首先介绍融资渠道的最新发展趋势，尤其是中小型企业信贷模式的演变及影响其融资的因素（第一节）；其次阐述一级和二级开发银行、公共担保基金等公共金融机构在向中小企业提供信贷、刺激新领域发展等方面发挥的作用（第二节）；第三，介绍为地区中小微企业提供融资渠道、改善融资条件的金融及非金融新工具（第三节）；最后全面探讨相关公共政策并提出建议，包括培训规模、生产联系及创新等（第四节）。附件将深入分析上述企业的金融结构。

拉丁美洲中小企业融资趋势

虽然拉美中小企业是该地区主要的生产单位和80%的就业岗位来源地，但大多数中小企业的融资渠道仍然受限，获得的信贷只占拉美地区贷款总额的15%，这说明近年来金融体系的演变未能对企业信贷需求作出适当回应。

尽管只有少数中小企业能获得融资，但其贷款通过率相对较高。[2]这说明地区融资稀缺并不仅是信贷供应或资源匮乏等问题，与信贷需求和（或）自我排斥（未达到银行贷款标准）等因素也息息相关，从而影响企业融资能力。

与新兴经济体和OECD成员国相比，拉美国家金融深度[3]和发展一直相对落后。传统积蓄和信贷水平低、金融系统深度浅是造成拉美国家企业界信贷覆盖面、质量和成本豁口的部分原因。虽然近年来部分拉美国家信贷取得重要进展，但主要集中在消费贷款和抵押贷款领域，而不是企业贷款。

尽管中小企业是拉美地区主要的生产单位和80%的就业岗位来源地，但其融资渠道仍然受限，获得的信贷只占地区贷款总额的15%

银行交易模式从关系型到多功能型的转型是中小企业融资受限的重要因素。[4]关系型银行的特点是，信贷可获性便利化建立在金融机构和客户关系人性化的基础上。而多功能型银行是引进更加实用的信贷技术以加强偿债能力和支付能力。这为中小企业带来不利的信贷风险评估、僵硬的融资

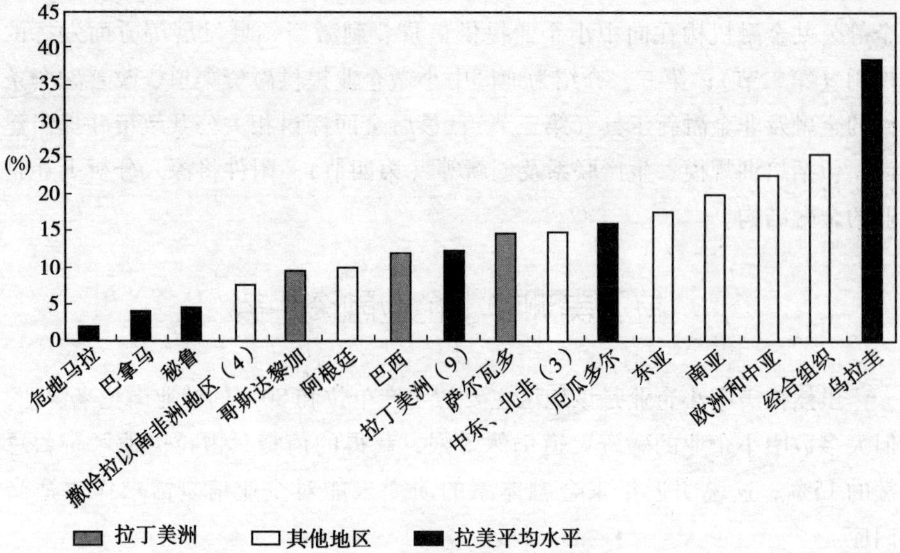

图 3.1 中小企业贷款占信贷总额比例（2010 年）

注：由于各国对中小企业的定义不同，因此上述数据不具直接可比性。各国使用分类标准主要包括企业员工数量、年销售额、贷款规模。详情参见：Financial Access Report de CGAP. N。

撒哈拉以南非洲地区：博茨瓦纳、佛得角、利比里亚、南非。

东亚：中国、中国台湾地区、中国香港特别行政区、蒙古。

欧洲和中亚：阿尔巴尼亚、亚美尼亚、格鲁吉亚、哈萨克斯坦、拉脱维亚、俄罗斯、塔吉克斯坦、乌兹别克斯坦。

经济合作与发展组织：澳大利亚、比利时、韩国、美国、爱沙尼亚、法国、匈牙利、意大利、日本、荷兰、波兰、土耳其。

中东、北非：伊朗、约旦、摩洛哥。

南亚：阿富汗、孟加拉国、印度、印度尼西亚、马来西亚、巴基斯坦、新加坡、泰国。

括弧内数字代表所包含国家数量。

资料来源：CGAP（Consulting Group of Assistance to the Poor），Financial Access report（2010）.

框架、高担保金、银行对中介代理费的依赖、融资成本的提高等。银行交易模式的转型进一步降低了中小企业信贷可获性的可能性。

正如某些研究报告所指出的一样，拉美企业的融资难度与其规模、国际一体化水平和出口能力密切相关，这使更多的大型出口企业获得信贷的渠道更加便利（Greenway et al，2007；Berman y Hericourt，2008；Muuls

2008）。尽管该地区部分国家扩大了企业信贷，但中小企业和大型企业融资的不对称问题仍是该地区国家面临的重要挑战。主要差别在于利息率（见图 3.2）和借贷期限。

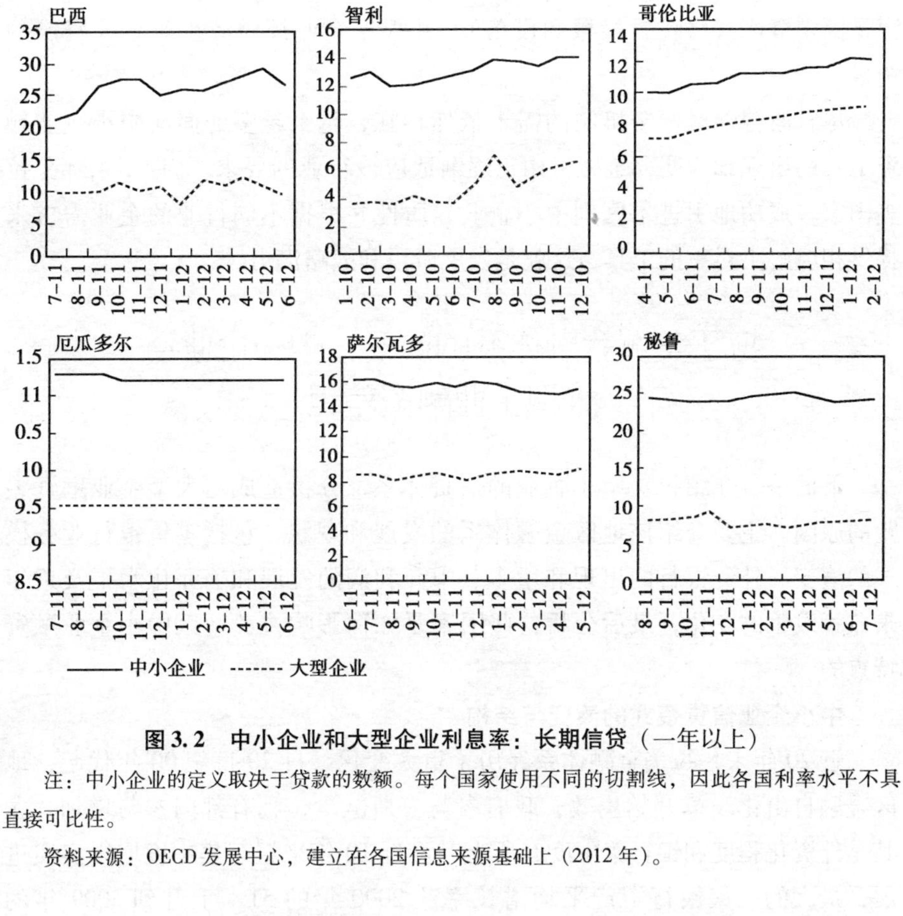

图 3.2 中小企业和大型企业利息率：长期信贷（一年以上）

注：中小企业的定义取决于贷款的数额。每个国家使用不同的切割线，因此各国利率水平不具直接可比性。

资料来源：OECD 发展中心，建立在各国信息来源基础上（2012 年）。

中小企业融资限制与银行交易模式从关系型到多功能型的转型紧密相连

拉美中小企业缺乏融资在银行长期信贷（固定资产）方面表现得更为突出：银行为中小企业提供的主要是短期贷款，营运资金信贷主要来源于企业自有资金（附件，见图 3. A1）。银行少量的长期信贷主要提供给大型企业，使大型企业优势更加明显，企业规模对信贷的影响更加突出（附件，见图 3. A2）。

提供担保能力薄弱的中小企业获取信贷更加举步维艰。无担保能力是拉美中小企业申请信贷的一个重要障碍。[5] 和其他地区一样，担保的主要来源是固定资产（楼盘、机械和设备），并根据企业规模减少对个人资产的衡量。

尽管改善地区融资机制的需求依然存在，越来越多的面向中小企业融资工具的出现却表明，金融机构正逐渐适应该行业的要求。[6] 近年来部分拉美国家较成功地引进了区别中小企业异质性并根据不同行业的企业需求来提供相应解决对策的工具。这就是发展阶段和战略潜力。

拉丁美洲金融体系的演变：中小企业与大型企业融资差距

下面一节介绍拉美中小企业的信贷体系，分析造成与大型企业融资差距的原因。主要介绍该地区金融体系的发展和现状，包括零售银行业务模式的演变、外资银行的出现和增多、中介利润的发展和美元化水平及近年来监管政策的变化，最后分析这些因素是如何影响拉美地区中小企业融资特点的。

中小企业信贷模式的演变与结构

近 20 年来，拉美金融体系经历了重大变化。自 20 世纪 90 年代起，地区金融自由化改革开始生效，政府参与有所减少，私有部门参与增加，尤其是外资化程度和银行集中度有所上升。近 10 年来银行集中度取得实质进展，最大的三家银行资产平均增长率从 2000 年的 51% 上升到 2009 年的 71%，这说明拉美地区大型银行的重要性逐渐提高，伴随的是银行交易模式从关系型到多功能型的转型。同时，外资银行的资产融入也在逐渐增加，达到 31%，居世界最高水平之一，[7] 高于南亚（8%）和 OECD（12%），接近撒哈拉以南非洲地区（28%）和东欧（28%）（Claessens y van Horen，2012）。但在银行资产方面，拉美银行存在明显不同：在中美洲和加勒比国家外国资产几乎占银行财产的 100%。

拉美银行体系的变化也影响着中小企业融资机制。大型多功能银行数量日益增加，相对于规模较小的关系型银行，他们向中小企业提供的贷款资源更加稀少，因为由于信息问题、小额交易固定成本高和不能利用向大型企业提供贷款时使用的规模经济贷款程序等问题，大型多功能银行对中小企业融资领域并不感兴趣。然而，近几年拉美地区大型银行对向中小企业提供服务的兴趣有所增加，尽管其供应仍然不够（见图 3.3）（Torre，De la，Martínez Pería y Schmukler，2010）。

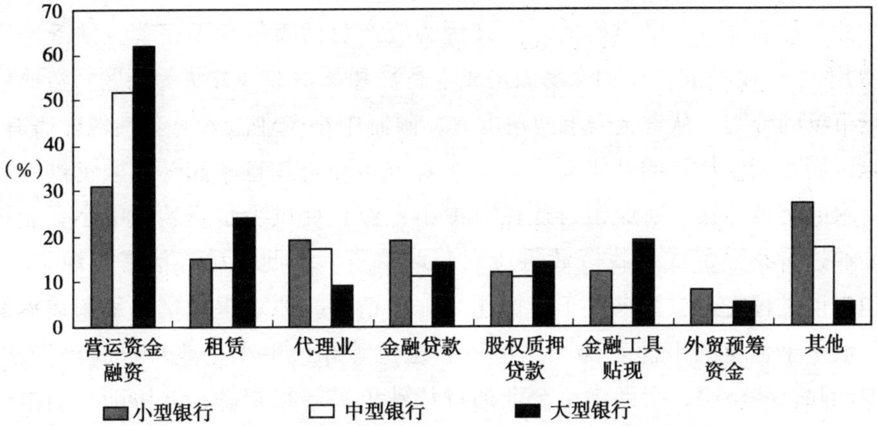

图 3.3　不同规模的银行向中小企业提供的信贷类型（2011 年）

注：小型银行，拥有不足 300 名员工，或拥有 300 名以上员工但分行不足 10 家的银行。

中型银行，拥有 301 ~ 5 000 员工和 11 ~ 150 家分行的银行。

大型银行，拥有 150 家以上分行的银行。

资料来源：美洲开发银行（2011），银行和中小企业：未来的赌注：拉美和加勒比地区第四次调查。

一些学术机构就拉美的外资银行对银行业效率、竞争、稳定性、引入外部冲击以及对中小企业信贷的影响进行了研究，总体认为，外资银行相比国有银行运作效率更高、息差和总成本更低（Levy-Yeyati y Micco，2007）。研究未发现外资银行和本地大型银行在对中小企业提供贷款方面有显著差异，但外资银行与中小企业融资的关系是错综复杂的，在向中小企业提供信贷方面并不积极。中小企业向外资银行申请贷款时，若不能就偿债能力提供明确信息，贷款似乎更加困难。外资银行更愿意向大型银行提供短期贷款（Berger et al.，2001；Mian，2006 y Ferraro，2011）。在上世纪90年代末爆发的亚洲金融危机中，外资银行的出现对金融稳定作出了贡献；但自2008年金融危机以来，外资银行提供的信贷额大幅下降，反而增加了从发达国家引入冲击的风险（Cetorelli y Goldberg，2011；Gianetti y Laeven，2012）。

尽管近年来拉美对中小企业的信贷模式取得显著进展，但无论是在资金的供应还是需求方面都存在挑战。从资金供应角度看，多功能型银行只考虑申请贷款公司的偿债能力而不考虑它的未来业绩，造成风险评估和衡量的不灵活性、金融机构的坏账（因为资产负债表信息不完善且缺乏透明度）、小规模经济（小额交易固定成本高）和评估选择方法等问题，造成信贷市场的分割。从资金需求的角度看，限制中小企业融资可获性的障碍有：难以满足获取贷款的技术要求、担保要求高和贷款息率高等。融资供应和需求的特点导致：商业银行往往对中小企业只提供少量贷款；中小企业只能通过自我融资或寻找资源供应商获取信贷。因此，尽管信贷资源丰富，但申请过程复杂、要求过于官僚化（如申请贷款要求提供资金平衡表，但一般中小企业的平衡表都不完善）和担保等导致中小企业难以获得贷款。要消除这些障碍、帮助中小企业通过特殊工具获得贷款，并协助它们申请和管理贷款，金融机构和融资机制的作用十分关键。

拉丁美洲金融中介的利润

利用银行资源作为金融中介，金融中介的利润及中介税、市场结构和风险等是决定银行效率的因素。但是，它们的异质性及部分拉美国家金融中介利润在世界上名列前茅，甚至高于OECD成员国和其他新兴地区（见图3.4）。如智利和墨西哥的中介利润低于东欧平均水平，而巴西、危地马拉和多米尼加共和国在所分析的国家中，银行中介利润最高。高收益投资项目数量的减少，融资成本的提高以及高额的中介利润率都会对企业尤其是中小企业信贷可获性造成影响。

部分拉美国家金融中介利润在世界上名列前茅。融资成本的提高对企

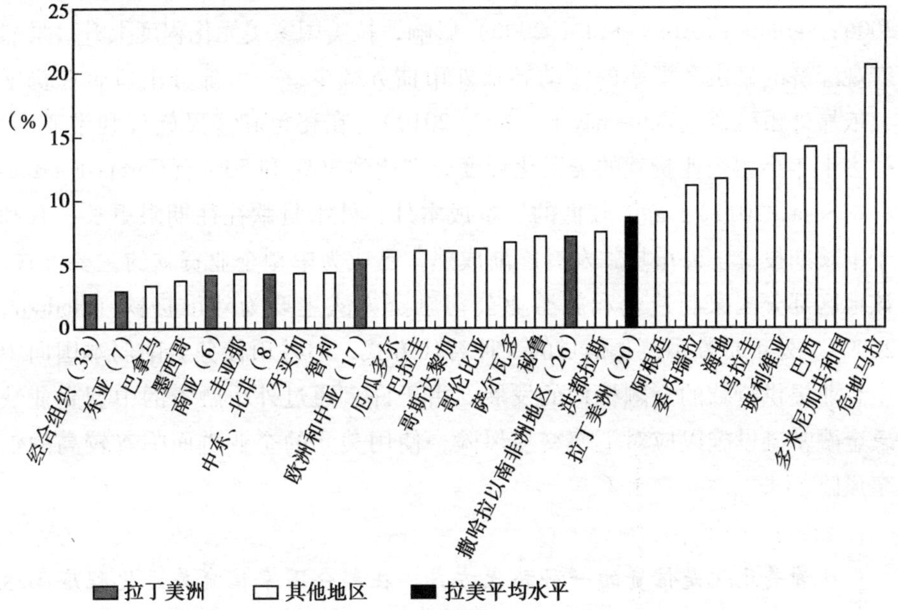

图 3.4　净利息收益率（2009 年）

注：净利息收益率不是净利息收入账面价值和生息资产的百分比。括弧内数字代表所包含国家数量。

资料来源：Bankscope，Thorsten Beck and Asli Demirg-Kunt，“Financial Institutions and Markets Across Countries and over Time：Data and Analysis”，世界银行政策研究工作文件 4943 号，2009 年 5 月。

业尤其是中小企业信贷可获性造成负面影响

这些中介利润率不能代表拉美贷款风险水平，因为拉美贷款拖欠率处于世界最低水平（世界银行，2012b）。地区高中介利润率的原因是：不同于其他新兴经济体，拉美银行的间接成本（overhaed costs）[8] 处于世界最高水平，且对存款准备金率要求高，产权不同（Gelos 2009 年）。为了降低银行中介利润，必须鼓励银行间的竞争，提高银行效率，在不影响金融稳定的前提下减少对准备金的要求，改善法制环境。

美元化

由于美元是债务货币，美元化在拉美企业尤其是中型企业融资方面同样发挥作用。上世纪 90 年代，受高通胀和高息差（Rennhack y Nozaki，2006；Fernández-Arias et al.，2006）影响，拉美国家美元化程度上升。虽然宏观经济的稳定和汇率的浮动导致外币债务减少，一大部分出口企业仍继续依靠外币融资（Zettelmayer et al.，2010）。在秘鲁和多民族玻利维亚国，过去十年小型企业贷款的美元化程度分别达到 30% 和 50%（García-Escribano y Sosa，2011）。除了较低的资本成本外，外币贷款往往期限更长，有利于中长期投资。外币贷款发展逐渐成熟，已成为中型企业贷款的主要方式，该地区部分国家制造业和旅游业公司融资方式主要为外币贷款（Bodnár，2009）。外币贷款虽然是信贷的一种替代方式，但外币债务会削弱本国向中型企业提供贷款的金融机构的发展。由于许多通过外币融资的中型企业缺乏金融基础设施以应对汇率交易风险，使用美元的企业也面临着较高的汇率风险。

尽管美元化是信贷的一种替代方式，在部分国家信贷美元化程度高达 30% ~50%，但因缺乏应对汇率风险的金融基础设施，中小企业面临更大风险

国际金融监管和中小企业信贷可获性的渠道

国际金融监管是银行部门对中小型企业相对缺乏兴趣的一个可能因素（OECD，2012a）。尽管在该地区未完整实施《巴塞尔协议Ⅱ》[9]，但仍需对协议效果进行评估，尤其是对向企业提供信贷行为进行评估。《巴塞尔协议Ⅱ》在拉美生效后，主要集中在资本调整上（Torre，De la et al.，2012），对信贷提出更高要求，导致商业银行在某些领域的信贷（个人或企业）资本下降。然而，在过去发生的金融危机中，拉美地区各国已制定国内法规以应对信贷风险问题，在某些情况下，国内法规比国际法规对中小企业信贷的限制更加严格。

为应对国际经济危机，2009 年在“巴塞尔协议Ⅲ”框架下颁布了有关流动性管理的新规定，旨在一定程度上加强关键措施防止危机期间出现明显的流动性问题，尤其是与资本要求相关的问题。[10]新规定可能对中小企业信贷造成两种相反的效果：一是提高银行业对流动性的要求，对较低风险水平的小型企业重新分类。与以往的经济危机相同，对资本更高的要求可能导致中小企业商业贷款的定量供应或融资成本超支（OCDE，2012a；Elliot，2010）。二是把中小企业贷款分类为零售银行业务，可能降低金融机构在该领域的风险。零售业务与企业贷款不同，有助于减少向中小企业收取的风险溢价。规则完善后，对中小型企业的净效应在未来几年内将取决于上述因素。

表 3.1　《巴塞尔协议Ⅲ》在拉美的实施

	阿根廷	巴西	智利	哥伦比亚	墨西哥	秘鲁
偿付能力充足率（风险加权资产之%）	8	11	8	9	8	10
标准	巴塞尔协议Ⅰ	巴塞尔协议Ⅱ	巴塞尔协议Ⅰ	巴塞尔协议Ⅱ	巴塞尔协议Ⅱ	巴塞尔协议Ⅱ
《巴塞尔协议Ⅱ》对内部模型的授权	无	有	无	无	有	有
基于风险监管评估向各银行要求更高的偿付能力充足率的权能	有	有	有	有	有	有

资料来源：Torre，De la et al.，(2012).

信用担保计划的实施，允许中小企业将低风险资产（金融和非金融）作为担保品，有助于减少风险评估，方便中小企业获得贷款。《巴塞尔协议Ⅲ》规定，提供担保后，公司贷款的风险权重降低，银行对资本准备金的要求也随之降低。这可能是对中小企业融资最重要的变化之一，因为它激励金融机构参与这些计划。国内规定可配合这些计划允许使用移动资产（如机械）作为抵押物。这些可能性为政府进行有针对性的干预提供了机会。

公共金融机构在中小企业融资中的作用

历史上公共金融机构在为中小型企业提供融资方面一直发挥着重要作用，通过创建金融工具和私有部门参与不活跃的分段融资，以保证向中小企业投资提供中长期信贷资源。公共金融机构在地区银行体系中十分活跃，平均参与率约达23%（见图3.5）（Olloqui，De y Palma，2012）。

公共金融机构形式多样，包括支持中小企业的代理机构、担保公司、

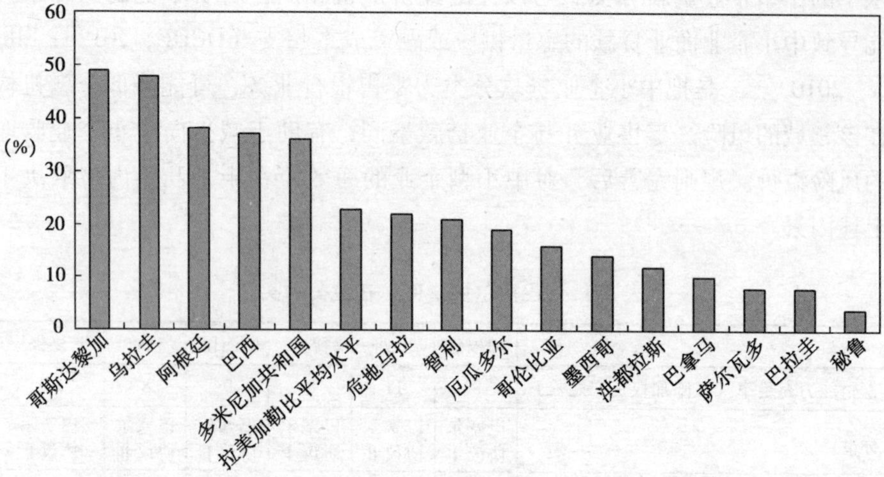

图 3.5　公共金融机构在拉美银行体系中的参与（2007 ~ 2009 年）

资料来源：Olloqui，De y Palma，(2012)，基于拉美金融机构发展信息（ALIDE)。

公共银行和开发银行等，其处理问题的方式和权限根据其性质和目标的不同而迥异。其中，开发银行除了在中小企业融资中扮演重要角色外，在支持生产行业发展也发挥了关键作用。不同于公共银行（通常在无商业银行运营的地方进行补充，或作为反周期工具在私有银行暂停运作时、银行体系欠发达或不稳定时运营)，开发银行不寻求与私有部门竞争或创造金融效益，仅作为公共干预工具支持具有正外部性的行业或项目、战略领域或创新型企业发展。

公共金融机构平均参与率 23%，在促进项目直接或间接信贷便利化、为中小企业提供担保等方面发挥了重要作用。2007 ~ 2009 年，公共金融机构提供的长期融资贷款增加了 85%

公共金融机构对不同类型的项目执行不同的融资政策，如提供项目的直接和间接信贷、补贴贷款成本和提供担保等。目前上述机构正加倍使用特别针对中小企业的新工具，以减少银行和企业间的信息屏障。

随着公共金融机构越来越多地参与信贷市场，其在拉美地区重要性逐渐上升。2007～2009 年间，公共金融机构提供的长期贷款增长了 85%，其绩效指标（见图 3.6）表明，上述机构的金融可持续性在中期内未受影响（Olloqui，De y Palma，2012），但其有效性和可持续性尚未得到充分的评估和保障，保持治理结构和适当的透明度机制仍十分重要。

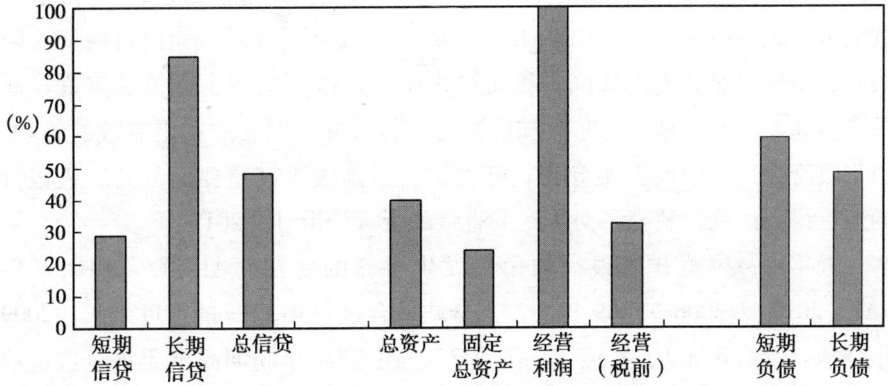

图 3.6　2007～2009 年专业培训机构财务报表主要指标

资料来源：Olloqui，De y Palma（2012），基于 ALIDE 收集的 30 家公共金融机构情况。

拉丁美洲的开发银行

在拉美，虽然公共金融机构从 19 世纪就已经存在，但开发银行最早成立于 20 世纪 30 年代。1929 年的经济大萧条为旨在提高部分行业经济生产的开发银行的成立与发展提供了契机（CEPAL，2010）。它的鼎盛时期是在 1950～1980 年期间。当时企业融资渠道稀缺，100 多个政府机构向企业生产活动提供资金援助，开发银行在支持进口替代战略方面扮演了主力军的角色。当时的融资支持政策主要包括：实施由一级银行或公共金融机构推行的一系列补贴贷款；商业银行和私有机构的参与受限于央行或其他公共机构开设的二级信贷中介（Held，1999）。

政府不适当的干预和财务管理不善对公共金融机构造成重大损失。对特殊行业的信贷配额进行资源配置、对贷款实行利率补贴、对投资组合的不良评估都会导致将公共金融机构变成直接公共补贴的工具，使其不能履行生产活动长期贷款推动者的职责，这种情况损害了开发银行的信誉。90 年代初，拉美地区兴起改革浪潮，推动了公共机构重组进程，使开发银行不再成为推行政府产业政策的工具。

20世纪90年代经济改革生效后，公共部门在经济中扮演的角色得到重大调整，开发银行的体制结构和功能被重新定义。在支持中小企业融资政策方面，开始推行逐步取消利率补贴（转向补贴交易成本和担保体系发展），从支持信贷流程转向支持一级机构；开始更加注重风险管理、降低运营成本、减少拖欠贷款（CEPAL，2010）；侧重专门领域，如出口融资（阿根廷、哥伦比亚和委内瑞拉玻利瓦尔共和国）或向微型企业提供信贷（厄瓜多尔和委内瑞拉玻利瓦尔共和国）等，将公共资源集中在更有效的领域。由于政府在经济中发挥主导力，开发银行逐渐失去其重要性，其二级银行的地位得到加强，放弃了对生产的直接融资（CEPAL，2012）。

近年来，拉美开发银行的角色发生了新的变化（ALIDE，2010；CEPAL，2012）：2000~2009年间，其贷款组合以每年15%的速度增长。2009年贷款总额约6 000亿美元（见图3.7），比2000年同期高出3倍。这些数据反映了开发银行角色的转变，一级贷款单位与之相比显得效率低下。这种变化的主要原因是：开发银行在经济和社会融资领域的作用得到认可；一级私有银行对引导二级银行的资金运转不感兴趣；开发银行在某些领域专业化强，而私有银行却缺乏经验；开发银行的目标客户与私有银行不同（Levy-Yeyati et al.，2004）。

拉美开发银行的角色发生了新的变化：2000~2009年间，其贷款组合以每年15%的速度增长。2009年贷款总额约6 000亿美元，比2000年同期高出3倍

目前，在开发银行的体制结构中，各种支持中小企业融资的模式共存。开发银行曾经在二级银行中占据明显的主导地位，而如今拉美各国的开发银行体制各不相同，有一级银行、二级银行，也有混合体制银行。[11] 大部分拉美国家都设有开发银行，如巴西（国家经济和社会发展银行，BNDES）、墨西哥（国家金融银行，NAFIN，外贸银行，BANCOMEXT）、哥伦比亚（哥伦比亚对外贸易银行，BANCOLDEX，混合体制银行）、秘鲁（秘鲁开发金融公司，COFIDE S. A.）和厄瓜多尔（国家金融公司，CFN）等。尚未设立开发银行的国家，则由一级公共银行代替开发银行，向中小企业提供并引导信贷，如阿根廷国家银行（BNA）、阿根廷投资和外贸银行（BICE），智利国家银行，萨尔瓦多投资多功能银行（BMI）、按揭银行和农业银行。

公共银行和开发银行的发展和演变对制定适当的规则提出质疑。一方面，公共银行通常是由政府财政部担保，不需要定期审慎性监管（包括资本水平），因为实际上政府就是担保人。另一方面，鉴于开发银行的职能和性质，也不存在监管问题。目前，我们终于认识到，开发银行是用来对私有银行进行补充的，而不是同私有银行竞争，不能要求与私有银行有相似的财务回报；对开发银行职能的评估准则不应受有关私有银行规定的约束，尤其是在促进产业战略、创新行业和高增长潜力等方面。[12]

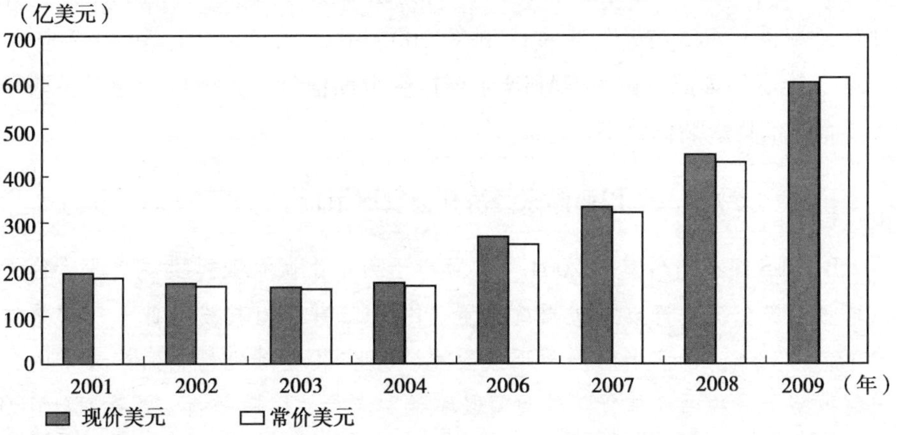

图 3.7　拉丁美洲开发银行信贷资产组合（2001 年 4 月～2006 年 9 月）

资料来源：ALIDE，(2010)。

中小企业融资计划一般由融资促进机构协调开发银行来共同执行，通常采用二级系统或直接贷款机制。这些计划的目标通常是收购资本资产、营运资金或投资。当前，拉美公共金融机构通过更加具体的新融资计划，更多样化地支持中小企业融资，如引进可持续、环保、专业的生产模式等。开发银行推动使用包括信用卡、电子交易系统和网上服务在内的金融服务套餐是个有意思的发展趋势。巴西 BNDES 银行卡就是一个成功的案例（见专栏 3.1）。[13]

商业银行要求申请贷款尤其是长期贷款的企业提供高额担保，这个要求把很多中小企业排除在外。各家互助担保公司（SGR）联手成立协会，为协会成员提供担保便利和咨询服务，鼓励成员实现更多财务独立

哥伦比亚和墨西哥拥有不同类型的中小企业融资计划。哥伦比亚对外贸易银行（BANCOLDEX）已经将其业务逐渐从出口行业转向中小企业，[14]运用二级银行的运作方式，通过折扣机制（再贴现机制）向中小企业提供贷款。[15]该银行针对中小企业业务的支付金额和受益企业的数量均大幅上升：2010 年 BANCOLEX 将其信贷资源的 40% 提供给了中小企业，2005 ~ 2010 年间哥伦比亚所有金融机构商业贷款的 10% ~15% 提供给了中小企业。[16]在墨西哥，支持中小企业的计划大幅增加。其中，“NAFIN 促进计划”总额占国内生产总值的比例从 2001 年的 0.8% 上升至 2008 年的 2.5%。[17]尽管如此，由于 NAFIN 主要提供短期信贷，其融资计划对墨西哥中小企业信贷影响仍较小。

专栏 3.1 巴西国家经济社会发展银行卡（BNDES）

BNDES 银行卡创建于 2004 年，致力于为中小微企业提供便捷的途径来获取营运资金、投资以及机器的购置。BNDES 并不直接发放此卡，而是作为第二层实体，将该卡的发放下放至私人或公共金融机构。拥有该卡的公司将被给予一种循环信贷，其金额取决于发卡行的财政分析，最高可达 100 万巴西雷亚尔（相当于 50 万美元）。这笔信贷用于购买相应供应商的产品，这些供应商得到该行的认可，并出现在该卡业务的门户网站上。拥有该卡的企业还可以利用它的系统作为销售渠道，摇身变为项目中的供应商，但需要其至少 60% 的本地资产用于制造其商品或服务，并需满足具体项目中该行的其他要求。

自其创立以来，BNDES 银行卡发放数量已达 25 万张，7.2 万名企业家至少购买了一次，1.1 万家企业最少售出一次。通过该卡总计发放的贷款数额在近年来显著增长：从 2008 年的 8.45 亿巴西雷亚尔（4.17 亿美元）增长到 2011 年的 70 亿（34.5 亿美元）。2004 ~2005 年间，该卡发放信贷额仅占该行向中小微企业发放信贷总额的不足 1%，2009 年该比例已上升至

13%，2011 年上升至 18%，使该卡成为支持中小企业信贷的主要途径之一，并一如既往地对其他项目起着重要作用，诸如 BNDES 自动化及机械设备融资项目（FINAME）。

该产品的成功之处不仅体现在它相对于其他快速融资的金融产品更加经济实惠，更加体现在其便利性及灵活性上：其信息可以在巴西国家经济社会发展银行的网站上查看，并可在网上进行手续简化的快速买卖和交易。

资料来源：CEPAL/BID/OEA（2011）.

从上世纪 90 年代起，通过补贴利息率或交易成本来帮助中小企业融资的方式已逐渐失去市场，从而为引进其他融资机制提供了空间，然而前者仍留下了重要案例。阿根廷 SEPYME 的贴息计划（PBT）为中小企业提供补贴利息率，2009 ~ 2011 年第三季度期间，该项目共提供补贴 16 亿阿根廷比索（约 4 亿美元）。这个计划未得到延续有几个原因，其中最主要的是该计划产生的额外信贷额低。这个案例再次表明，在拉美中小企业信贷可获性的困难不仅在于贷款成本，而在于贷款申请和要求。

尽管拉美开发银行为中小型企业筹措资金计划取得一定进展，但也面临一些局限。企业获得的贷款一般都是短期的或主要集中在营运资金，同时一级和二级金融机构的官僚机制抑制了其有效性：如企业想获得二级银行的批准，有时需要等很长时间，直到企业和一级银行对这份融资都失去兴趣。**改善开发银行融资方案的一个方式是更好地评估这些方案的影响力和这些机构提供的信贷额外性**。

拉美担保体系

中小企业信贷可获性的最主要障碍是：商业银行对贷款尤其是长期贷款的担保要求高。一般情况下，担保通常是资产（动产或不动产），要能支付部分或全部债务，在企业未能偿债的情况下，这些担保将作为贷款的赔偿品转交给银行。这个系统的缺点是：最需要融资的企业往往因为不能满足银行的担保要求，申请不到贷款。

拉美国家担保体系获得强劲发展，目前共有 83 家担保机构，总额达 200 亿美元，220 万家中小企业用户，约 300 亿美元流动资金。与 2000 年相比，上述金额和范围均有大幅上涨，2000 年只有 23 家担保机构，35.8 万受

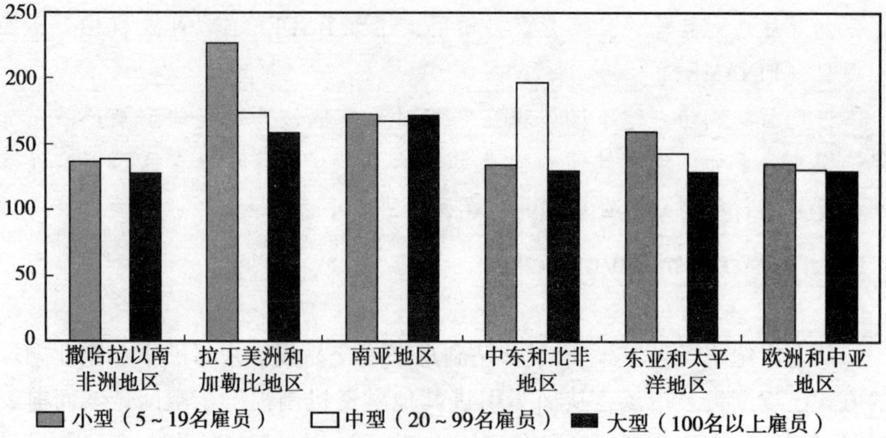

图 3.8　根据企业规模申请贷款时需要提供的担保价值

（占贷款的百分比）

注：根据所公布的最新数据计算出的拉美地区平均值。

资料来源：Enterprise Surveys 2012，世界银行，（2012a）。

益企业和 20 亿美元流动信贷（ALIDE，2011）。担保机制都不是单一的，一般主要有两种类型：担保基金和担保公司。

大多数国家担保基金主要由公共资本组成，如在墨西哥（NAFIN）、哥伦比亚（国家担保基金，见专栏 3.2）、智利（小企业家担保基金，FOGAPE；投资担保基金，FOGAIN，两家均为国家银行）、巴西（支持小微企业服务中心，SEBRAE 和 BNDES）和阿根廷（布宜诺斯艾利斯省布宜诺斯艾利斯担保基金，FOGABA），信贷最高覆盖率从 50% ～80% 不等。[18] 虽然公共资源在该领域仍占重要地位，但逐渐有更多的机构、开发银行和当地政府对此感兴趣，他们鼓励私有部门积极参与，推动建立担保公司以支持中小企业发展。[19]

专栏 3.2　哥伦比亚国家担保基金

哥伦比亚国家担保基金（FNG）附属于哥伦比亚贸易和工业部，1981 年在前工业发展研究所资助下建立，通过给予担保的方式为中小微企业①获得信贷提供了便利，其提供担保的信贷涉及领域有营运资金、投资、收益资本化、租赁、循环信贷额度，来自对外贸易银行（BANCOLDEX）和来自哥伦比亚科学、技术和创新部的信贷，以及创立公司所需的信贷。担保可以通过金融中介机构申请，企业可向其申请借贷，担保比例在50%（对来自BANCOLDEX信贷而言）和60%（对资本和固定投资而言）之间浮动。

受益的中小企业数量以及被该担保基金所调动起来的资源显著增长：2002~2008年间，受益企业数量从5万增加至20万，所调动资源同期从9 500亿哥伦比亚比索（约相当于3.5亿美元）增长到5.2万亿（约相当于28亿美元）。2003~2009年间，在专门针对中小企业的金融中介机构的商业信贷总额中，该基金所担保的信贷所占比例也从33%增长至59%。有关基金影响评估的最近研究表明，较之于未从保险中受益的公司而言，受益公司的生产及雇佣水平分别提高了5.8%和4.6%。从2008年开始，受国际经济危机的冲击，受益者数量开始减少，受损增加（从2.6%~5.7%）。

注：①哥伦比亚国家担保基金只为2004年905号法令中所规定的中小微企业交付担保，即公司资产少于3万份法定最低工资，约合830万美元。

资料来源：基于《苏莱塔》(2011)。

在新兴经济体和发展中国家，公共担保计划仍是主要的担保工具，这可能对促进中小企业通过担保、短期和反周期贷款融资造成附加效应

在拉美，担保公司的重要性得到显著提升，[20]它们通过公共和私有资源融资。通常情况下，提供担保的企业同时负责交易风险分析和评估，承担拖欠还款和失误、偿还坏账等责任。被担保企业则可获得更多信贷渠道、更优质的贷款条件和更长的贷款期限等好处。

互助担保公司（SGR）是指被担保方同时也是担保公司的合伙人，这种公司是一个特例。中小企业得到担保书和咨询服务，成为担保公司的合作伙伴，提供企业股份（A股），这些企业不能获得担保公司总担保金5%以上的担保。担保公司合伙人可以是不同范围（国外、国内、省级或市级）或不同规模（大型或中小型企业）的公共机构或私有部门。合伙人向风险基金注入股份（B股），获取收益，并享受免税。免税使这个机制对私人投资者变得更有吸引力。虽然机制最初可能依赖于公共基金，但SGR的目标是实现自主运行，限制政府投入，消除税收。近年来SGR机制在阿根廷取得快速发展。

专栏3.3 阿根廷担保公司SGR担保公司案例

阿根廷担保公司系统在很大程度上基于私人投资和大量税收补贴，并接受SEPYME和阿根廷担保企业和基金协会（CASFOG）的监督和支持。阿根廷共拥有24家私人SGR[①]公司，其中23家为纯私募基金，只有SGR担保公司在其风险基金[②]中，政府投资占重要比例。近五年SGR担保公司取得显著进展：2006年担保量占阿根廷全国总担保量的30%，2010年该比例达40%左右，成为中小企业担保系统的领军企业。同时，2010年其贷款拖欠率下降至0.5%[③]。

SGR担保公司由中小企业协会于1997年达成协议后成立，最初由120家各行业中小企业（参与合伙人）与阿根廷国家银行投资建立的风险基金（第一个也是当时唯一一个SGR的担保合伙人）组成。SGR合伙人数量和担保金额持续上升，到2010年，参与合伙人已达4 900家，实际存在的风险价值[④]高达8.3亿阿根廷比索（约合1.8亿美元），较2007年同期翻一番。

SGR担保公司的参与合伙人拥有51%的股本，担保合伙人拥有剩余的49%，担保合伙人也为风险基金注资。一般风险基金和特殊风险基金既有来自公共机构也有私有部门。尽管SGR同时享受政府间接补贴——社会资本和风险基金享受的免税，但仍应保持自主运行能力。公司75%的资金来源于私人部门，剩余部分来源于阿根廷国家银行、布宜诺斯艾利斯银行、投资与外贸银行（BICE）等公共金融机构。

为应对2001~2002年国家经济危机，SGR担保公司推出新产品，向中小企业提供全面金融替代方案。最为突出的是金融信托，致力于生产价值链、支付谈判（代理）和租赁服务，该产品担保额占2010年公司实有风险价值总额的20%（其他80%主要用于担保银行信贷等公司传统业务）。

注：①阿根廷部分担保公司与特定行业密切相关，如钢铁业、乳业、石油业、农业和贸易等；

②REDGAR（2008）；

③Ferraro（2011）；

④实际存在的风险指担保书已颁发并生效，但贷款尚未全部或部分支付（www. garantizar. com. ar）。

资料来源：REGAR（2008）和 www. garantizar. com. ar.

信用担保计划（EGC）在促进中小企业融资的同时，可能产生附加效应。EGC 除了提供担保，还提供短期和反周期贷款，允许推迟偿还担保贷款，协助互助担保协会，结合担保贷款和其他商业服务，保证风险资本（OECD，2012B）。在信用担保计划中，公共担保计划（EPG）已成为新兴经济体和发展中经济体主要的担保工具。[21] 1995 年，巴西推出面向微型和小型企业的保证基金（FAMPE），由 SEBRAE 实施，2009 年已为约4.4 万家企业提供担保。互相担保计划（EMG）的特点是私有部门、中小企业协会和银行参与活跃。通常参与者对企业情况有深入了解和长期跟踪，防止申请信贷的企业运行风险过大，以增加企业偿还贷款的可能性。

除了达到公共目标，EGC 还应保证财政可持续性。亚洲国家的经验表明担保基金拥有重组的资本资源和谨慎的风险管理是十分重要的。由于不同计划的运营和财务差异，EGC 的财政可持续性并不容易检测。一份比较世界 76 家 EGC 的研究报告指出，实施时间较短的计划损失更少（百分比）（Beck et al.，2009）；私人部门参与较多的计划，平均贷款拖欠率较低。这说明私人部门的参与对于管理危机十分重要。

经验表明，EGC 可对中小企业金融准入起杠杆作用。这些中小企业就像是需要帮助的人群，而不是能随意获得资金的企业。EGC 提供资金的额外性很大程度上取决于企业本身。低风险和高偿还能力的企业进入信贷市场不需要这些计划的支持，而无抵押品和高风险企业则需要这些计划的帮助。一份关于印度尼西亚担保计划效果的研究报告指出，大部分能纳入信贷担保计划的企业均有获取信贷的渠道（BRI，2009）。

在拉美，担保计划的实施对扩大贷款覆盖面、减少信贷成本是有效的，但仍然面临局限。首先，公共担保基金计划通常的问题是拖欠贷款，履行承诺的资源不足，担保审批和付款的时间长等（OECD，2006）；其次，银行对公共基金缺乏信心导致公共担保被低估或被拒绝。私有部门在担保体系中占主导地位，这可能也是限制担保计划的因素之一。成立担保公司和互助担保公司（SGR）是解决问题的积极趋势，尽管在拉美大部分国家这些担保公司仍处于初级阶段，在中小企业融资需求中，担保公司的覆盖面仍然较低。虽然担保公司和SGR的性质是私营的，但它已经成为一种政策工具。因此担保公司在中小企业公共政策的大框架下，结合自主性和自我持续能力是十分必要的（REDGAR，2008）。

优化拉美地区中小企业信贷和融资模式：趋势和新型工具

在拉美地区，创新型融资解决方案开始和传统工具并存，以不断满足中小企业的不同需求。近年来，拉美的融资创新措施成倍增加，包括根据中小企业的行业、规模和类型提供融资支持，建立创新和出口资助基金，提供企业管理和文化非金融支持等。虽然并非所有拉美国家都是如此，但根据企业发展的不同阶段和增长潜力制定不同措施的做法已开始深入人心，这有助于更好地通过孵化器和融资项目（种子和风险）建立科技和创新型企业。[22]此外，网络的普及造就了在线援助新机制的发展，是该领域的重大进步，使过程更加灵活快捷。

创新计划包括根据中小企业的行业、规模和类型提供融资支持，建立创新和出口资助基金，提供改善企业管理和文化的非金融支持等

接下来介绍支持拉美各国中小企业融资工具的主要发展趋势和新动向。

解决信息获取问题

拉美中小企业取得信贷的主要困难之一是信息不足和不对称。这在一定程度上反映出融资申请材料受理和评审要求过于官僚化，且中小企业对有关情况缺乏了解。为减少上述障碍，作为中小企业信贷可获性的有效补充措施，很多国家已开始加强和改善企业服务，并由此出台更多支持中小企业的非金融类替代措施，如咨询、培训和企业管理协助等。其中比较著名的例子有巴西的SEBRAE中小企业服务和墨西哥的金融延期项目。[23]

拉美地区的政府和公共金融机构对创建良好的企业环境非常重要。近年来，为推动中小企业创业并创造良好的交易环境，关于相关公共机构和政策的研究开始增多（Kantis et al.，2005）。人们普遍认为，政府在为中小企业提供合适的制度环境，特别是解决信息不对称问题的过程中发挥着重要作用。尽管一些拉美国家已经在采取相关行动，采取公共政策提高中小企业管理者对金融、预算和会计工具的认知仍有很大空间。拉美的中小企业管理者在会计操作透明度和采取多样化制度管理企业等问题上仍需提高（OECD，2006）。

金融代理和租赁

针对拉美地区中小企业的金融工具日益增多，提供综合性金融服务套餐的趋势上升。商业银行、促进机构和开发银行等鼓励使用电子支付系统、信用卡、金融租赁和代理服务等新型金融工具。[24]通过金融代理服务，中小企业可以立即获得在一定时间内销售产品的资金以增加流动性，这大大改善了企业的资金流并可以转移非支付风险。[25]金融电子代理可以通过由某一金融机构授予流动性而立刻获得票据上的账款，这比传统的金融代理更具多样性优势，供应方可凭借购买人签字文件向第三方（代理人）收账。

通过使用新型金融工具扩大金融产品的趋势，符合全球中小企业不同业务的需要。在线银行业务允许企业在没有分行的地方使用银行系统，这种业务的普及也便利了各种金融工具的发展。

墨西哥国家金融银行（NAFIN）产业链项目提供的电子代理服务，通过票据到期前电子贴现获得账户融资，使产业链内的企业立刻获得流动性。在实际操作中，融资来自墨西哥国家金融银行，该银行作为第二层实体，通过更具吸引力的利率鼓励其他银行或非银行的金融机构参与其中。融资期限为30～120天且不收取酬金。通过这种方式，该项目使供应商获得比传统金融代理服务更快捷和更大的流动性，解决中小企业信贷成本和期限等问题（Leucona，2009）。随着参与企业和资金的不断增多，这一项目获得了巨大的成功。[26]此外，该项目也使大企业和供应商间加强了关系，使中小企业积累了良好的信用记录，并可进一步获得长期融资。

墨西哥国家金融银行（NAFIN）产业链项目提供的代理服务，通过票据到期前电子贴现获得账户融资，使企业立刻获得流动性

产业链企业的融资

一个最近十年中小企业使用特殊金融工具的例子就是产业链融资项目。在墨西哥，墨西哥国家金融银行（NAFIN）产业链项目于2002年开始向中小企业提供产业链融资，[27]目前已有584条产业链在运行。这一项目需要各单位形成网络运转合作，以寻求在价值链内整合中小企业。通过这种方式可以有效减少中小企业申请贷款的程序（通过使用电子代理服务等金融工具），并有助于减少墨西哥生产系统最关键的问题之一，即从上世纪90年代开始的生产链解体。[28]

初级融资和建立新公司

缺乏资金是拉美地区建立新企业的主要障碍之一：银行普遍认为新公司风险较高且缺乏信用记录，这大大限制了这些公司获得商业贷款的能力，使其不得不自筹资金或通过非正式途径向熟人、亲友或初级供应商借贷。由于上述原因，公共部门的介入显得十分重要。公共部门可推动上述企业在金融系统内进行整合，因为这些企业通常更具活力，可通过创新、生产和就业转变经济，产生良好的外部性。由于企业的资金需求会根据企业发展的不同阶段而变化，应根据企业所处阶段提供战略性的金融解决方案，在初始阶段和头几年提供一定的资源。同样，在企业发展的四个阶段——孵化、萌芽、增长、稳固，所需要的金融解决方案也有四个：技术支持和孵化器，种子资金，天使投资，风险资金（风险投资）（Echecopar et al.，2006）。

在拉美已开始推动建立服务于创办企业的全面金融和技术援助机制，特别针对那些具有高增长潜力的企业，如创新型企业和科技企业。尽管关于相关成果的经验还很少，但大多数国家已开始推广企业孵化器，部分国家还拥有种子资金和推动风险投资业的措施，虽然这些措施仍处于初始阶段。此外，也有部分天使投资的案例。尽管取得一定进展，但上述措施的成果大相径庭，由于缺少影响评估机制，其效果仍然未知。

孵化期：初创阶段的技术支持和企业孵化器。拉美地区的大部分国家已有相关举措。[29]在这一初始时期，创建企业所需的解决方案不仅包括金融方面，而且还包括提供企业孵化或本地援助的有关机构提供的技术援助方案，以及其他有利于企业发展的服务。在哥伦比亚，通过全国培训服务系统（SENA）的领导，一些公（国家政府、市级政府）、私（企业、商会和工会）和教育（技术培训和大学）单位进行联合，发展出全国性的企业孵化和企业创建系统。这一项目为企业管理者提供培训服务，通过培养企业视角和提高同客户与供应商互动能力，优化企业家素质。[30]

萌芽期：种子资金。许多国家对新生企业采取的帮助方式是以种子资金的方式给予企业直接补贴。比较成功的例子如巴西的 Criatec BNDES 基金和 FINEP 研究和项目创新型基金，智利的 CORFO 种子资金和企业家技术合作服务资金（SERCOTEC）（见专栏 3.4），阿根廷、哥伦比亚、萨尔瓦多和墨西哥也有类似的例子。在哥伦比亚，全国培训服务系统创办了企业家基金，以帮助那些刚毕业的专业型人才进行创业。在巴西，2007 年，BNDES 提供资金创办了 Criatec 基金，该基金专注于创新型企业和技术密集型企业，如信息技术企业、生物企业、新材料企业、纳米技术企业和农业综合型企业。

哥伦比亚的全国企业创办和孵化系统、巴西的 Criatec 基金以及智利的 CORFO 种子资金，是针对创办新企业提供经济技术援助的范例

增长和稳固阶段：天使投资和风险投资。关于风险投资，在一些国家，金融机构和（或）发展银行推动组建风险投资基金，甚至直接参与风险投资。在巴西，资本市场被独立实体严格管控，FINEP y BNDES 基金是推动风险资金的重要机构，二者也参与其他投资基金，如 BNDES 的 BNDESPAR 投资基金项目，为不同规模的企业扩大资本起到了很好的作用。FINEP 研究和项目创新型基金成立于 2000 年，旨在推动建立一个针对技术型中小企业的风险投资体系。截止 2009 年，该基金已扩充至 4 500万美元，并有望在未来 3 年中资助上百家企业（Matos，De y Arroio，2011）。在智利，CORFO 基金同样为很多投资基金提供长期信用额度，为创新型企业提供资助（见专栏 3.4）。在墨西哥有国家金融银行（NAFIN）产业链项目；而在哥伦比亚，BANCOLDEX 银行采取为私募基金创立提供激励的做法。另一方面，拉美地区天使投资人网络发展仍然落后，现有的一些项目，如智利的 CORFO 基金天使投资人网络项目，或阿根廷的 SEPYME 母公司项目，都很少被使用。[31]

早期投资者"识别"项目并不成功，反映出有关识别机制仍有很大的完善空间。针对上述情况采取适当的金融激励机制，对未来的发展十分重要（OECD，2006）。

专栏3.4　智利经济发展署（CORFO）援助战略

智利经济发展署（CORFO）支持中小企业尤其是创新型企业最突出的做法是，促进新企业成立机制。CORFO向中小企业提供全套支持战略，针对企业不同的发展阶段提出不同方案，且措施不仅仅限于资金援助。

对于创办初期的企业，CORFO制定了引导孵化器补贴的灵活配置种子补贴计划（SSAF）。该计划主要用于引导成立增长潜力大的企业，寻找在孵化器和在孵项目期间具有高度责任感的企业。项目开支的25%由企业支付。

除此之外，对于创办初期的企业还存在两类联合融资计划，即技术合作服务中心（SERVOTEC）和创新智利（InnovaChile），旨在支持成立并发展卓越的、有竞争力、高生产力的公司。SERVOTEC面向各行业中的小型企业，目标是达到年均2 000家受益企业。InnovaChile自2005年起主要针对创新型企业，旨在推动企业技术创新和转让，以及促进国家创新体系的发展。计划主要包含在企业竞争前创新、业务创新、技术转让及创业等四个领域的企业孵化器、针对创新型企业以补贴形式出现的种子资本（服务行业领域也适用）、天使投资家网络及支持创造创业环境并吸引国际企业家。

2010年以来，CORFO在风险资本方面做了重要调整，暂停了直接融资项目，重点发展担保计划和风险投资。其策略是通过提供融资和长期信贷计划，鼓励发展风险投资行业，使投资基金流入创新型企业，鼓励外资与地方配套资金的互动。

资料来源：Ferraro (2011)；CEPAL/BID/OEA (2011).

尽管已出现各种新型工具，但对于成立初期的企业，资金可获性和信贷的渠道仍然困难。商业银行和私人投资商对向这些企业尤其是没有信贷经验的企业和创新型企业提供信贷的态度依然十分保守。这些企业只能自己寻找资源或寻找供应商融资。二级金融机构向大型企业倾斜的信贷计划、长期贷款资源的不足和贷款程序的拖延等都是这些企业面临的挑战。

对非银行性金融措施（如风险投资等）来说，公共政策对创造良好的投资环境和适宜的经济氛围起到了重要作用。风险投资市场存在的信息问题是多样的，政府部门可以通过一些途径有效地减少这些问题，如提供资讯，对企业家、管理者和投资者提供培训，支持企业集团化和孵化器，为投资者和企业家建立关系网提供便利等（OECD，2006）。

拉丁美洲的小额信贷

鉴于微型企业在拉美企业中的重要性，小额信贷在生产部门的融资措施中占据着重要地位。在拉美微型企业能够获得融资，这同近年来拉美地区小额信贷的出色发展是分不开的。这种方式允许低收入、不稳定、从其他途径难以获得信贷的产业活动得到融资。小额信贷通常为短期贷款（一般不超过一年），贷款额度少，[32]还款期限短，利率高。

传统认为，向微型借贷者提供贷款带来高风险和低收益，这也是他们难以获得贷款的主要原因。然而，拉美地区的经验表明，微型信贷具有很好的收益且风险适中。在过去 10 年中，微型信贷年均增长 45% 左右（EIU，2011），拉美地区 2011 年拥有各种微型信贷产品共计 276 亿美元，拥有客户 1 800万。一些拉美国家近年来在微型信贷领域获得的成功经验，使这一服务进一步扩大，并大规模发展至正规金融机构。尽管取得上述进展，但拉美微型信贷的总量在信贷总额中的占比仍然较低。

而且，拉美微型信贷的稳定和增长也面临着一些挑战，特别是在监督和管理体系上。监管是建立公平和实惠的信贷体系的根本。[33]但在这一行业中，监管规定的发展远落后与行业增长，相关措施仍然很薄弱，亟须加强对借贷机构的监督并保护客户的利益。[34]此外，微型企业的信贷需求也不明确（如是否有营运资金、购买股份或消费的需要）。

微型信贷可以成为中介平台并发展至更正式和复杂的信贷可获性的工具和渠道。小额信贷在拉美的扩张推动了金融贷款的正规化，个人和微型企业可以通过建立良好的信用记录获得更多的金融服务。

在过去 10 年中，微型信贷年均增长 45% 左右（EIU，2011），2011 年拉美地区拥有各种微型信贷产品共计 276 亿美元，拥有客户 1 800万

结论和建议

虽然金融业的发展和深化已经取得了一定进展，但融资依然是中小微企业发展的主要障碍之一。由于贷款成本费用高、抵押条件严格、技术要求复杂、官僚化严重、信息不对称等问题，导致很大一部分企业不能满足正规信贷的条件，这些企业不得不寻求自有资本或供应商贷款。同时，信贷类型也存在问题，已拥有融资渠道的中小企业往往申请不到所需类型和期限的借贷。与大型企业所拥有的良好的商业融资条件和渠道相比，上述问题显得更加尖锐了。不能公平获取信贷成为地区生产行业不平等和结构异质性的另一个源头，严重阻碍了经济发展。

拉美金融体系的演变和结构在一定程度上可以解释中小企业在融资机制和信贷可获性方面遇到的问题。商业银行从关系型到多功能型转型时，引进了唯一信贷风险方法，只看重企业的支付能力，忽视其项目的可行性，且银行融资计划僵硬，担保条件苛刻，手续费高，上述因素开始对中小企业融资造成负面影响。金融体系的其他特点是：银行集中度高、中介利润高、外资化、美元化等，这些对信贷机制造成了负面影响。这些可以帮助理解中小企业难以获得更多信贷的长期困难。

中小企业必须对新的流动性管理国际规则（巴塞尔Ⅲ）做好准备，这些规则的引进将会对信贷成本和可获性造成影响。更高的银行资本金要求可能会导致信贷水平的降低。从 OECD 国家的危机中可以看到，制定针对中小企业的专属指标是十分重要的，以便于监管机构进行实时监测。有关部门可以根据金融监管机制所掌握的信息制定上述专属指标。

由于商业银行对大型企业融资政策长期倾斜，公共金融机构成为改善中小企业融资状况的重要工具，因为公共金融机构能引导信贷政策走向。其中，开发银行的作用尤其重要，开发银行在盈利能力、风险管理和资金方面的不同标准，在为重要经济行业中具有发展潜力的企业提供私人部门不覆盖的反周期融资方面发挥着决定性作用。

近年来，拉美开发银行发生了新的变化，其重要性与日俱增。某些国家开发银行转变成一级银行和二级银行相结合的体系，这个转变有利于银行的发展。然而，银行体系的转变应当在保证机构持续性和金融附加性的前提下完成，并制定配套的治理结构、控制机制和适当的鼓励机制。开发银行选择成为一级银行还是二级银行取决于金融体系的背景，必须考虑其他公共金融机构（公共银行和担保基金）的发展和现状，这些金融机构可以对开发银行支持中小企业的相关业务进行补充。因此，制造对中小企业有利的金融环境需要各个公共金融机构的协调和互补。

担保体系近年来逐步稳固，几乎成为拉美地区各国有效的公共行动机制。如果说担保体系是通过公共资金或“合资”得以扩展，它们也同样会遭遇一些问题（效率拖沓、资源不足、贷款期限短等）。这使得担保系统与提供信贷的银行间的关系变得复杂。为弥补这些不便，担保体系必须与商业银行开展联合工作，以便使担保得以被认可及被正确估价，并对融资途径及担保进行共同管理。担保除了允许银行为其增加客户信贷外，还应创造额外效应，吸引企业加入。

一个可能解决担保基金局限性的途径是担保公司，那里私人股份占主要地位。拉美地区逐渐开始出现建立此类公司的趋势，尽管目前普及率仍较低。“互助担保公司”（SGR）是一个特例，它们寻求金融自我可持续性，通过向那些对风险基金注资的会员免税，激励私人企业加大参与。虽然担保制度是私营的，但却是公共政策的工具，应在推动生产发展政策制度化中加以考虑。从这个角度看，国家的作用是根本性的，主要体现在将担保公司的自主权（必要的或是必须的）与面向中小企业的总体政策框架结合起来。

得益于如开发银行及发展代理机构等公共机构的出现，拉美地区正推进发展一种能够应对不同形态生产环境需求的财政体系，主要通过引进新型及针对小型企业的机制来实现。其中较为成功的例子有：购物贷款、代理机构、担保系统、孵化机制、种子资本机制及风险资本市场的发展。尤其是互联网的传播使线上新工具得以开发。这些工具在贷款及其他金融服务的灵活性及速度方面意味着重要突破。

拉美中小企业贷款可获性的主要障碍之一是发展不对称及信息缺乏。目前拉美国家正积极推动旨在提供比单纯贷款更广泛的一揽子企业服务以及便于小型企业了解可利用的金融工具的机制。公共政策在这方面可以起主导作用，主要看是否能够将供给和需求联系起来，是否能够在司法和金融领域培训企业及零售银行。正因为如此，对中小企业的财政支持须伴随技术辅助政策。

公共政策在激励私人资本资金方面的灵活性是至关重要的。对成立之初的创新型企业或技术型企业而言，公共干预对于促进其融入意义重大，因为这些公司是非常具有活力的，并且能够通过创新、生产及就业产生正的外部性。一项金融支持的战略应向公司发展的不同阶段提供不同选择，向企业起步及发展初期斥资。初始支持十分关键，有利于公司的孵化、种子资本的建立及天使投资人而不是风险资本家的参与，后者一般出现在公司发展较为高端的阶段。由于拉美这些支持机制发展较慢，有必要建立适当的刺激措施，以进一步发展私人资本，如向投资者退税。

除了建立创新体制及强化机制性以外，引进风险跟踪及评估机制也应得到重视。评估应包括对所有项目的进展及这些项目可能产生的附加作用、发展目标（生产率、就业）、吸金作用（吸引金融部门）及技术转移等因素。

虽然近年来针对中小微企业的支持手段及服务不断增加，但目前仍处于起步阶段，覆盖范围依然较窄。拉美地区在开发提供多种金融产品方面尚有较大空间。这些产品应适应生产领域的特殊性和多样性。公共政策须通过推出必要的刺激机制或工具来发挥基础性作用。政策的设计和执行需要具有对不同发展阶段企业的支持手段，以及提供旨在改善企业管理的服务、培训项目及技术指导。

最后，中小微企业的融资体系和信贷的可获性不能被孤立地看待，它们是向小型企业提供支持的完整体系中的一部分。在该体系中，培训支持、生产协调及创新都是关键性因素。

附件　拉丁美洲企业融资结构：劳动资本、固定资产和担保金

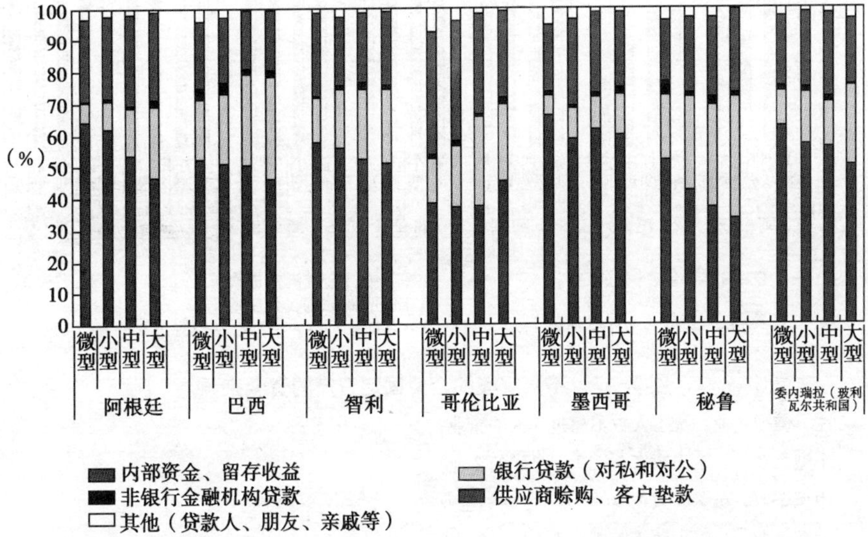

图 3. A1　按照不同规模的企业，用于劳动资本的资金来源

注：微型企业，员工人数不超过 5 人的企业；

小型企业，员工人数在 5 ~ 19 人之间的企业；

中型企业，员工人数在 20 ~ 99 人之间的企业；

大型企业，员工人数等于或大于 100 人的企业；

2010 ~ 2011 年调查结果。

资料来源：OECD 发展中心，基于世界银行对企业的调查情况（Enterprise Surveys，Banco Mundial，2012a）。

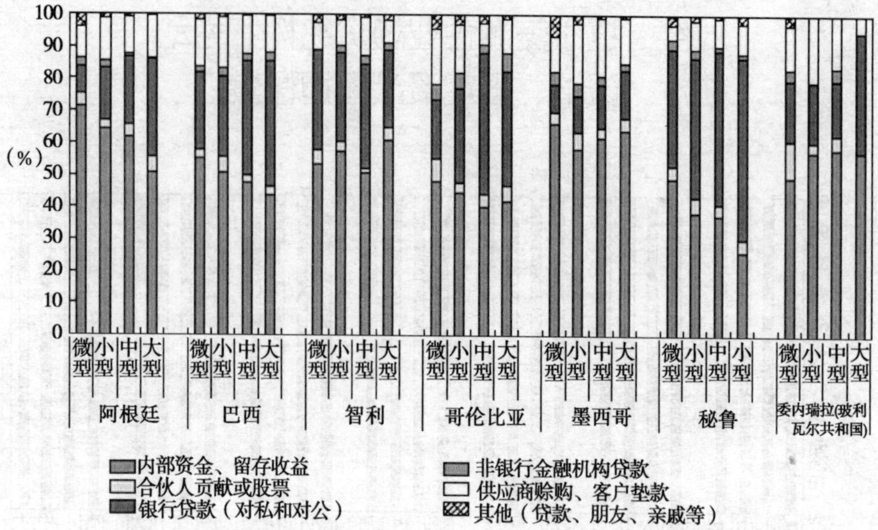

图 3. A2　不同规模的企业固定资产的资金来源

注：微型企业，员工人数不超过 5 人的企业；

小型企业，员工人数在 5 ~ 19 人之间的企业；

中型企业，员工人数在 20 ~ 99 人之间的企业；

大型企业，员工人数等于或大于 100 人的企业；

2010 ~ 2011 年调查结果。

资料来源：OECD 发展中心，基于世界银行对企业的调查情况（Enterprise Surveys，Banco Mundial，2012a）。

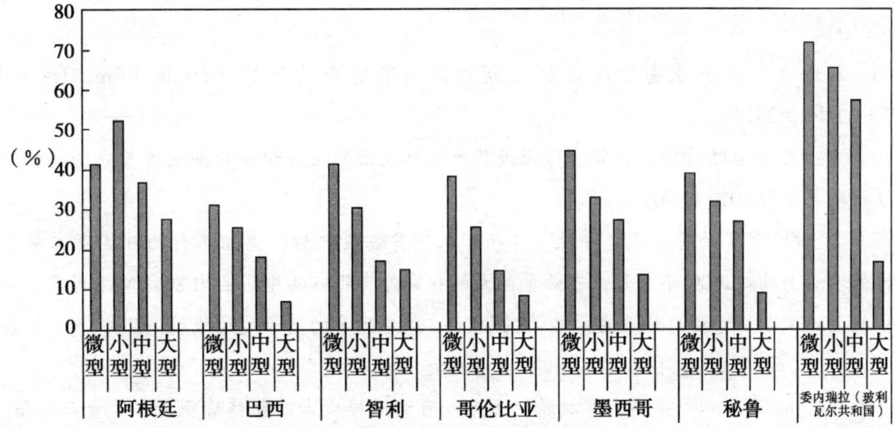

图 3. A3　不同规模的企业个人资产在担保金中的比例

注：微型企业，员工人数不超过 5 人的企业；

小型企业，员工人数在 5 ~ 19 人之间的企业；

中型企业，员工人数在 20 ~ 99 人之间的企业；

大型企业，员工人数大于或等于 100 人的企业。

资料来源：OECD 发展中心，基于世界银行对企业的调查情况（Enterprise Surveys，Banco Mundial，2012a）。

【注　释】

[1] Acemoglu and Zilibotti（1997）；Beck，Dermirg-Kunt and Levine（2009）；Beck，Dermirg-Kunt and Martínez Pería（2011）；Beck and Dermirg-Kunt（2005）；Levine，Loayza and Beck（2000）.

[2] 据估计，2008 ~ 2010 年间，阿根廷中小企业信贷额占私有部门信贷总额的 20%，与巴西的情况相似，2006 年巴西中小企业贷款额占私有部门信贷总额的 20%（公共银行提供的信贷包含在内），如果只计算 5 家主要私人银行，中小企业贷款额占 13%（Morais，2006）。研究表明，2010 年第一季度，玻利维亚中小微企业贷款额占贷款总额的比例不到 14%（Ferraro，2011）。尽管如此，拉美地区中小企业融资申请通过率高：阿根廷的一项调查表明，2003 ~ 2006 年间 33% 的中小企业申请过信贷，其中 80% 最终获得贷款（Ferraro，2011）；巴西情况也相似（SEBRAE，2006）。

[3] 金融深度解释了私人信贷或银行贷款与国内生产总值之间的关系。

[4] 关系型银行和多功能银行的解释参见：De La Torre，Martínez Pería and Schmukler (2010)。

[5] 24%的拉美企业由于缺乏收入或担保而不能申请信贷（De la Torre，Ize and Schmukler，2012)。

[6] 中小企业通过信贷、租赁、保理或其他工具获得的投资组合的预期增长分别高出小银行和大银行60%和90%。

[7] 自1999年墨西哥正式允许外资可拥有银行多数股权后，商业银行的外国资本参与比例不断上升：2009年4月，墨西哥最大的6家外资银行集中了业内80%的总资产，其中最大的4家外资银行资产占总资产的70%。萨尔瓦多的例子更为极端：2009年金融企业只有1%的股权掌握在本国人手中（Ferraro，2011)。

[8]“overhaed costs”是指金融机构的固定或可变间接成本，包括管理成本、资产贬值、会计成本、办公设备等。

[9] 巴塞尔协议由巴塞尔银行监督委员会制订，对银行业立法和规定提出建议。1988年颁布了首部巴塞尔协议，2004年颁布了巴塞尔协议Ⅱ。巴塞尔协议Ⅱ彻底更新了法规并引进区别和评估不同贷款组合的新元素。

[10] 规定的主要条例提高了偿债能力比率（capital Tier 1）和流动资金比率，提升了3%的杠杆作用（OCDE，2012a)。

[11] 拉美地区大多数金融发展机构为公共部门（2009年占70%)，主要为一级机构(62%)，二级机构的比重小一些（21%)（ALIDE，2010)。

[12] 然而，实行标准规定可能导致西西弗斯（希腊神话中的国王）综合症的加重。也就是说，如果对公共银行实施与私有银行相同的标准，公共银行最终只能效仿私有银行。

[13] 2009年，BNDES向中小企业提供的贷款额占中小企业融资总额的22%。除BNDES自动取款、BNDES FINAME和BNDES卡外，还提供企业出口和“战略部门”发展项目（计算机软件、电信、航空航天等项目）融资替代方案。BNDES向中小企业提供的贷款期限比市场高近两倍：BNDES提供60个月的贷款，市场期限只有36个月(Ferraro，2011)。

[14] BANCOLDEX向中小企业提供两种融资工具：“反周期流动性机制”，贷款期限3年；“进步”机制，贷款期限长达12年，帮助企业提高和发展生产力。这些融资工具的使用，延长了2006~2010年间的平均贷款期限，从7年延长至12年（Zuleta，2011)。

[15] 利用再贴现机制，企业可向使用BANCOLDEX再贴现资源的私有融资机构申请贷款，该机构评估申请并承担贷款风险。这种公共工具和私人中介的有效互动有利于改善

中小企业贷款状况（Zuleta，2011）。

[16] BANCOLDEX 同样与哥伦比亚国家担保基金（FNG）合作，向企业提供自动担保服务，担保贷款金额的50%，且与金融中介提供的初始贷款不同，提供担保时不需进行其他额外研究（Meléndez y Perry，2009）。

[17] 墨西哥经济遭受国际金融危机冲击期间，NAFIN 在维持对中小企业财政资源供应上发挥了重要作用：2009 年向中小企业提供的贷款比 2008 年增加了 52%（Ferraro，2011）。

[18] 在哥伦比亚，国家担保基金（FNG）担保贷款金额的50%；在萨尔瓦多，工业与农用工业特别担保计划（PROGAIN）担保50%，小型企业担保计划（PROGAPE）担保70%；在巴西和阿根廷，分别担保80%和75%（Ferraro，2011）；在墨西哥，通过NAFIN 中小企业基金资源融资的中小企业担保基金，担保额高达交易的75%，且降低了银行对中小企业的要求，如允许企业用银行对账单代替经审计的财务报表等（Garrido，2011）。

[19] 政府提供部分资金、由私人机构管理的混合型及公共-私人型融资担保基金逐渐在拉美地区出现。如智利的 FOGAPE，公共部门担保私人银行的投资组合，私人银行支付佣金作为风险回报，或私人银行通过拍卖竞争公共担保。2010 年，巴西 BNDES 推出投资担保基金（FGI），利用私人资源运营，该基金机制灵活，可以进行网上申请和支付，有助于减少官僚主义和操作上的问题（Ferraro，2011）。

[20] 担保公司早期发展的例子：在巴西和智利，被广泛使用的担保体系是基金体系。在巴西，SEBRAE 公开呼吁支持成立贷款担保公司，并提供技术支持和融资，旨在为公司贷款提供替代方案。在智利，经济发展署（CORFO）实行加强相互担保机构计划（Pombo et al.，2008）。

[21] 比如在印度，中小企业信贷担保基金（CGMSE）在过去十年内取得显著发展，据中小微企业部长称，CGMSE 提供担保额占担保信贷总额的22%（Reserve Bank of India，2010）。在印度尼西亚，企业信贷计划（Kredit Usaha Rakyat，KUR）涵盖多家公共金融机构提供信贷。

[22] 例如，在巴西，SEBRAE 根据企业的发展阶段向其提供支持。在智利，CORFO 根据企业的发展状况和潜力提出完整的支持战略（见专栏3.4）。

[23] SEBRAE 正推行通过宣传可用计划、培训企业家，以减少中小企业信息问题的举措，在银行采取调整对规模较小公司的信用评估标准、加强针对微型和小型企业的信用社和小额信贷机构等措施。墨西哥金融延伸计划的目的与 SEBRAE 相同，但方式不同，它像基金一样聘请顾问，帮助中小企业从获得中小企业基金授权的金融中介手中获取信贷。顾问帮助企业了解自身的融资需求和支付能力，确定其最适合的金融产品，

并帮助企业提出贷款申请，正确管理金融信息，同时保证融资的准确提供（Ferraro，2011）。

[24] 例如，阿根廷 SEPYME 在其贴息计划（PBT）中加入租用线路。巴西 BNDES 拥有多种租赁产品，并对使用保理业务电子系统的可能性进行评估。哥伦比亚 BANCOLDEX 向中小企业提供近年来取得巨大发展活力的租赁和保理产品：2010 年，租用线路占银行商业贷款总额的 10%，向动产或不动产资产（如机械，车辆，设备，土地，酿酒厂等）融资租赁合同提供资金；保理业务出事率较低（2010 年仅为 4%），但提供特殊产品，如比索-美元的流动，开具 BANCOLDEX 预定义的信用保险票据，公司可购买折扣高达 80% 的汇票（Zuleta，2011）。

[25] 还有一种“反向保理”的形式，买家可向金融机构支付给要求折扣的中小企业供应商。

[26] 该计划开始实行之初，有 39 家金融中介参与，6.8 万家相关供应商，每天进行 1 万笔交易。10 年后，至 2010 年 5 月，已有超过 1 070万笔折扣交易，总额高达 1 000万墨西哥比索（7 750万美元）（CEPAL/BID/OEA，2011）。

[27] 2009 年，二级银行 NAFIN75% 的资金投向供应链计划，相比 2002 年的 32% 增幅显著（CEPAL/BID/OEA，2011）。

[28] 大型企业和政府机构邀请其供应商（中小企业或自然人）形成一个产业链，NAFIN 向该产业链提供具有吸引力的融资选择和发展工具以换取信息，技术支持和贸易的平台（Ferraro，2011；CEPAL/BID/OEA，2011）。

[29] 例如，巴西的孵化计划 SEBRAE-FINEP；阿根廷的孵化和技术服务计划阿根廷技术基金（FONTAR）；墨西哥的孵化计划 SPYME-中小企业基金；在萨尔瓦多，提供企业发展和促进服务的孵化计划中小企业 CONAM；哥斯达黎加根据全国各地区产业发展优先重点，为企业制订孵化器和加速器方案，尤其针对具有创新潜力的企业（Ferraro，2011）。

[30] 另一个有趣的例子是秘鲁集体综合开发计划（CID）。CID 是非盈利性组织，鼓励年轻人创业，通过向年轻企业家提供管理培训、市场、税务和手续咨询，以提高企业竞争力以及获得种子资金的可能性（CEPAL/BID/OEA，2011）。

[31] 其他例子包括乌拉圭企业投资人网络（乌拉圭）、安第斯天使投资人网络（哥伦比亚），加韦亚天使和天使投资网络（巴西）和投资天使投资人网络（秘鲁）。

[32] 2011 年，在拉丁美洲，小额贷款的平均金额约为 1 000美元（Mix Market，2012）。

[33] 尽管大部分的投资组合和客户都集中在受监管机构（银行、合作社和信用合作社、非政府组织监管），然而在绝对数量上，不受监管的机构数量约占所有提供信贷机构的 70%（Pedroza y Navajas，2010）。

[34] 据 Microsopio 调查结果显示，秘鲁和玻利维亚是拉美地区监管框架最完善的国家，其具有明确的监管标准和良好的监测能力，上述两国的小额贷款占地区小额贷款总额的 40%。

【参考文献】

[1] Acemoglu, D. y F. Zilibotti (1997), "Was Prometheus Unbound by Chance? Risk, Diversification and Growth", The Journal of Political Economy, Vol. 105, Issue 4, agosto, pp. 709 – 751, University of Chicago, Chicago, Ⅲ.

[2] ALIDE (2010), Informe: Situacion y Perspectivas de la banca de desarrollo latinoamericana, Secretaria General de ALIDE, Programa de Estudios Económicos e Información, noviembre.

[3] ALIDE (2011), "Crecimiento con sustentabilidad. Garantías cuesta arriba", Revista ALIDE, julio-septiembre 2011, pp. 6 – 8.

[4] Banco Mundial (2012a), Enterprise Surveys Database, http://www.enterprisesurveys.org

[5] Banco Mundial (2012b), World Development Indicators, Banco Mundial, Washington, DC.

[6] Beck, T. y A. Demirgüc-Kunt (2005), "Financial and Legal Constraints to Growth: Does Firm Size Matter?", The Journal of Finance, Vol. 60, Issue 1, febrero, pp. 133 – 177.

[7] Beck, T. y A. Demirgüc-Kunt (2006), "Small and Medium-Size Enterprises: Access to Finance as a Growth Constraint", Journal of Banking and Finance, Elsevier, Vol. 30 (11), noviembre, pp. 2931 – 2943.

[8] Beck, T., A. Demirg-Kunt y R. Levine (2009), "Financial Institutions and Markets Across Countries and over Time: Data and Analysis", Policy Research Working Paper 4943, Banco Mundial, Washington, DC.

[9] Beck, T., A. Demirg-Kunt y M. S. Martínez Pería (2011), "Bank Financing for SMEs: Evidence Across Countries and Bank-Ownership Types", Journal of Financial Services Research 39 (1), pp. 35 – 54.

[10] Berger, A., L. Klapper y G. Udell (2001), "The ability of banks to lend to informationally opaque small businesses", Journal of Banking and Finance, Vol. 25, Issue 12, diciembre, pp. 2127 - 2167.

[11] Berman, N. y J. Héricourt (2008), "Financial Factors and the Margins of Trade: Evidence from Cross-Country Firm-Level Data", CES Working Paper 50, Centre d' Economie de la Sorbonne. Publicado en Journal of Development Economics 93, noviembre 2010, pp. 206 - 217.

[12] BID (Banco Interamericano de Desarrollo) (2011), Los bancos y las pymes: Una apuesta de futuro. 4ta Encuesta Regional en América Latina y el Caribe, Fondo Multilateral de Inversiones (FOMIN), Washington, DC.

[13] Bodnár, K. (2009), "Exchange Rate Exposure of Hungarian Enterprises - Results of a Survey", MNB Occasional Papers 2009/80, Magyar Nemzeti Bank (The Central Bank of Hungary), Budapest, disponible en: www.mnb.hu

[14] BRI (2009), "Access to Finance for MSMEs", Presentación de A. Arianto en seminario internacional sobre "Enhancing Access to Formal Financial Services in Indonesia", Jakarta, 9 - 10 diciembre.

[15] CEPAL (2010). La hora de la igualdad. Brechas por cerrar, caminos por abrir, LC/G. 2432 (SES. 33/3), mayo de 2010. Naciones Unidas, Santiago de Chile.

[16] CEPAL (2012), Cambio estructural para la igualdad. Una vision integrada del desarrollo, LC/G. 2524 (SES. 34/3), julio, Naciones Unidas, Santiago de Chile.

[17] CEPAL/BID/OEA (2011), Experiencias exitosas en innovación, inserción internacional e inclusión social: Una mirada desde las pymes, LC/L. 3371, septiembre, Naciones Unidas, Santiago de Chile.

[18] Cetorelli, N. y L. Goldberg (2011), "Global Banks and International Shock Transmission: Evidence from the Crisis", IMF Economic Review, Vol. 59 (1), pp. 41 - 76, abril, Palgrave Macmillan.

[19] CGAP (Consultive Group to Assist the Poor) (2010), Financial Access

2010, The State of Financial Inclusion Through the Crisis, CGAP, Washington, DC.

[20] CII (Corporación Interamericana de Inversiones) y Federación Latinoamericana de Bancos, (FELABAN), disponible en: www.iadb.org

[21] Claessens, S. y N. van Horen (2012), "Foreign Banks: Trends, Impact and Financial Stability", IMF Working Paper, No. 12/10, enero, Fondo Monetario Internacional, Washington, DC.

[22] Echecopar, G., P. Angelelli, G. Galleguillos y M. Schorr (2006), "Capital semilla para el financiamiento de las nuevas empresas. Avances y lecciones aprendidas en América Latina", Serie de informes de buenas prácticas del Departamento de Desarrollo Sostenible, BID, Washington, DC.

[23] EIU (Economist Intelligence Unit) (2011), Microscopio global sobre el entorno de negocios para las microfinanzas 2011. Economist Intelligence Unit, The Economist, FOMIN, CAF, IFC, Londres, disponible en: www.iadb.org

[24] Elliot, D., Basel III (2010), "The Business Impact of Basel III", Special Report, octubre.

[25] Fernández-Arias, E., E. Levy-Yeyati y E. Morón (2006), "Financial Dollarization and Dedollarization [with Comments]", Economía, Vol. 6, No. 2, primavera, pp. 37-100.

[26] Ferraro, C. (2011), Eliminando Barreras: El Financiamiento a las pymes en América Latina, LC/R. 2179, Naciones Unidas, Santiago de Chile, noviembre.

[27] Kantis, H., P. Angelelli, P. y V. Moori (eds.) (2005), Developing Entrepreneurship. Experience in Latin America and Worldwide, Inter-american Development Bank/ FUNDES Internacional, Washington, DC.

[28] García-Escribano, M. y S. Sosa (2011), "What is Driving Financial Dedollarization in Latin America?" IMF Working Papers, No. 11/10, enero, Fondo Monetario Internacional, Washington, DC.

[29] Garrido, C. (2011), "Nuevas políticas e instrumentos para el financiamiento de las PYMES en México durante la última década. Oportunidades y desafíos", CEPAL.

[30] Gelos, R. G. (2009), "Banking Spreads in Latin America", Economic Inquiry, 47: 796 - 814.

[31] Giannetti, M. y L. Laeven (2012), "Flight Home, Flight Abroad, and International Credit Cycles", American Economic Review, 102 (3): pp. 219 - 24.

[32] Greenaway, D., A. Guariglia, R., Kneller (2007), "Financial factors and exporting decisions", Journal of International Economics, Elsevier, Vol. 73 (2), pp. 377 - 395.

[33] Held, G. (1999), "Políticas de crédito para empresas de menor tama? o con bancos de segundo piso: experiencias recientes en Chile, Colombia y Costa Rica", Serie Financiamiento del Desarrollo, CEPAL, Santiago de ChileJeromin Zettelmeyer y Piroska M. Nagy y Stephen Jeffrey, 2010. "Addressing private sector currency mismatches in emerging Europe", Working Papers 115, Office of the Chief Economist, European Bank for Reconstruction and Development.

[34] Lecuona Valenzuela, R. (2009), "El financiamiento a las pymes en México, 2000 - 2007: el papel de la banca de desarrollo", Serie Financiamiento del Desarrollo, CEPAL, Santiago de Chile.

[35] Levine, R., N. Loayza y T. Beck (2000), "Financial Intermediation and Growth: Causality and Causes" Journal of Monetary Economics 46, Vol. 46, agosto, pp. 31 - 77.

[36] Levy Yeyati, E. y A. Micco (2007), "Concentration and Foreign Penetration in Latin American Banking Sectors: Impact on Competition and Risk", Journal of Banking y Finance, Elsevier, Vol. 31 (6), pp. 1633 - 1647, junio.

[37] Levy Yeyati, E., A. Micco y U., Panizza (2004), "Should the Government Be in the Banking Business? The Role of State-Owned and Develop-

ment Banks", RES Working Papers 4379, Research Department, Banco Interamericano de Desarrollo, Washington, DC.

[38] Matos, M. de y A. Arroio (2011), Políticas de apoio a micro e pequenas empresas no Brasil. Avancos recentes e perspetivas, CEPAL-AECID, Santiago de Chile.

[39] Meléndez, M. y G. Perry (2009), "La política industrial en Colombia", en F. Jaramillo (editor) Desafíos del crecimiento en Colombia: ¿Políticas deficientes o insuficientes?, Fedesarrollo-BID.

[40] Mian, A. (2006), "Distance Constraints: The Limits of Foreign Lending in Poor Economies", The Journal of Finance, Vol. 61, No. 3, junio, pp. 1465 – 1505.

[41] Mix Market (2012), Microfinance in Latin America and the Caribbean. Base de datos (www. mixmarket. org), disponible en: accesada el 16 de julio de 2012.

[42] Morais, J. M. (2006), "Avalia?? o de programas especiais de crédito para as micro, pequenas e médias empresas", Texto para discussión, No. 1190, Instituto de Investigación Económica Aplicada (IPEA), Brasilia.

[43] Mu? ls, M. (2008), "Exporters and Credit Constraints. A Firm-Level Approach", Working Paper Research No. 139, septiembre, National Bank of Belgium, Brussels, disponible en: www. nbb. be/doc

[44] OCDE (2006), The SME Financing Gap: Theory and Evidence, Vol. 1. OCDE, París.

[45] OCDE (2012a), Financing SMEs and Entrepreneurs 2012: An OECD scoreboard, OCDE, París.

[46] OCDE (2012b), SME and Entrepreneurship Financing: The Role of Credit Guarantee Systems and Mutual Guarantee Societies in sustaining finance to small and medium-sized enterprises, Centre for Entrepreneurship, SMEs and Local Development, OCDE, París.

[47] Olloqui, F. De y C. Palma (2012), Las nuevas oportunidades para las instituciones financieras de desarrollo en América Latina, Banco Interameri-

cano de Desarrollo (BID), Notas Técnicas, IDB-TN-402, mayo 2012, disponible en: www. iadb. org

[48] Pedroza, P. A. y S. Navajas (2010), Microfinanzas en América Latina y el Caribe: Actualización de datos, Banco Interamericano de Desarrollo, marzo, Washington, DC.

[49] Pombo Gonzúlez, M., H. Molina Súnchez y J. Ramírez Sobrino (2008), "Marco de los sistemas/esquemas de garantía en Latinoamérica e Iberoamérica: conceptos y características", en Red Iberoamericana de Garantía (REGAR) Los Sistemas de Garantía de Iberoamérica: Experiencias y Desarrollos Recientes, Lima.

[50] Red Iberoamérica de Garantías (REGAR) (2008), Los Sistemas de Garantia en Iberoamérica: Experiencias y Desarrollos Recientes, Lima, septiembre.

[51] Rennhack, R. y M. Nozaki (2006), "Financial Dollarization in Latin America", IMF Working Paper, No. 06/7, January 2006, Fondo Monetario Internacional, Washington, DC.

[52] Reserve Bank of India (2010), "Report of the Working Group to Review the Credit Guarantee Scheme of the Credit Guarantee Fund Trust for Micro and Small Enterprises", marzo. SEBRAE, Informes varios www. SEBRAE. com. br.

[53] Torre, A., De la, M. S. Martínez Pería y S. Schmukler (2010), "Bank Involvement with SMEs: Beyond Relationship Lending", Journal of Banking and Finance, 34, Elsevier, pp. 2280 – 93.

[54] Torre, A., De la, A. Ize y S. Schmukler (coord.) (2012), Financial Development in Latin America and the Caribbean. The Road Ahead, Banco Mundial, Washington, DC.

[55] Zettelmeyer, J., M. Piroska y S. Jeffrey (2010), "Addressing private sector currency mismatches in emerging Europe", Working Papers No. 115, June 2010, European Bank for Reconstruction and Development, Office of the Chief Economist, disponible en: www. ebrd. com

[56] Zuleta, L. A. (2011), "Política pública e instrumentos de financiamiento a las pymes en Colombia", en Ferraro, C. (compilador), Eliminando Barreras: El Financiamiento a las pymes en América Latina, LC/R. 2179, Naciones Unidas, Santiago de Chile, noviembre, pp. 61 – 99.

第四章　中小企业创新和技术开发

本章旨在分析拉丁美洲中小企业技术创新与发展能力的现状。在这一章节中，我们会探讨拉美中小企业在接触、引进和利用创新科技，受益于知识转移与扩散这一过程中所面临的制约因素，并特别关注拉美在信息与通讯技术领域的应用，及为促使其向相关生产实现成果转化所制定的导向政策。此外，我们还将详细分析一种普遍现象，即拉美中小企业面临的制约因素是如何加剧企业在生产率与组织结构异质性方面的差距。本章结尾针对上述问题提出相应结论与建议，指出拉美中小企业技术创新与发展面临的机遇与挑战，从而为相关公共政策设计提供参考。

导　言

当前，新技术经济的迅猛发展推动着“第三次产业革命”的持续深化和扩散。这一变革使得经济增长与发展进程愈加依赖于通过科学知识与技术创新，扩散以及促进科技成果转化从而完成价值创造（CEPAL，2012）。上述新变化与因素在促进社会经济增长，实现生产率飞跃式提升，创造高质量就业，降低组织异质性以及在长期改善社会收入分配，促进社会公平方面都发挥着重要的基础性作用。在这一进程中，技术创新与发展无疑扮演最为重要的角色，创新本身已经成为一项复杂的社会性行为，个人与社会机制层面的互动与协作对于技术创新与发展都至关重要。

2009 年拉丁美洲科技研发投入（I + D）相对国内生产总值占比为 0.7%，明显低于 OECD 成员国的相应水平（2.4%）。这一差距以及拉

美科技研发投入明显集中于少数国家是其在该领域落后的两大主要原因

本章聚焦拉美企业尤其是中小企业技术创新与成果转化能力的各种决定因素，以及相关导向性政策与可利用工具。特别要指出的是，在提升科技创新力度及调整创新导向方面需要以下六方面要素的支持：（1）提高企业或机构的技术实力与组织管理能力；（2）加强企业信息网络结构建设，构建“小世界网络”[1]；（3）在既有网络主体（公司，大学与技术研究中心，咨询或其他中间机构）的基础上，建立更加灵活有效的一体化沟通平台；（4）拓展市场并加大行业分工力度，从而培育累积效应；[2]（5）开展企业竞争模式研究——如何在市场竞争中提高收益，以及“创造性毁坏”的相对重要性；（6）对可能存在的、具有创新思维与战略倾向的机构及其能力展开分析。总体来说，创新过程既以企业为主体，同时也离不开其所处的宏观经济环境和整体社会经济特点，后者也同时构成了所在国的国家创新体系（SNI）。竞争体制、结构调整及创造性毁坏进程、学习过程以及企业关系和实力因素，共同决定了一家企业的创新能力（CEPAL/SEGIB，2008）。

本章分为以下几部分：第一部分分析拉美科技创新方面的区域总体情况；第二部分分析中小企业的创新活动及创新能力；第三部分分析这些中小企业在创新活动中比较突出的优势、劣势、成果以及主要阻碍因素；第四部分集中关注拉美地区对信息与通讯技术的接触与使用，以及中小企业实施数字化和宽带区域覆盖的机遇；第五部分针对机制性和政策性问题提出若干建议，以推动拉美中小企业在技术创新与扩散方面的发展。

区域背景下的技术创新

相对于OECD成员国经济体，拉丁美洲地区在技术创新与转化方面比较落后，区域内不同国家也呈现出显著差距（OECD/CEPAL，2011）。这一状况与其他发展中国家，例如中国形成了鲜明对比。后者通过发展高端技术制造与产业结构调整等措施，提高了知识密集型生产比重，加快科技成果转化，从而成功缩小了与发达国家的高科技生产差距。与此同时，拉丁美洲在这一领域进展缓慢，与发达国家依旧保持着巨大的差距（CEPAL，2010）。

拉美地区总体较低的科技研发投入（I+D）以及投入明显集中于少数国家是该区域落后的两大主因。2009年，OECD成员国经济体科技研发投入占其国内生产总值比为2.4%，而拉美国家相应数字不足其三分之一，为0.7%。近几十年来的发展数据反映了这一差距持续存在（见图4.1）。此外，拉美不同国家之间投入比重差距显著，例如：2009年巴西科技研发投入占其国内生产总值比为1.2%，而玻利维亚则不足0.2%。从企业类型及产业分布来看不同国家也呈现出较大差异。相对于OECD成员国，拉美地区科技研发投资主体结构相对落后，前者60%的投资来自企业，而拉美企业界并未将科技创新与发展视为优先战略，这一投入份额约为40%。

影响企业创新能力的因素有以下若干：总体来看，企业所处的整体环境机制是促进创新行为的有效动因；从行业领域来看，企业行为特点及其与国家创新系统中其他相关主体（公司、大学、技术研究中心、咨询机构、政府部门、非政府组织与民间机构）的沟通与联系也十分重要；在公司层面，其内部创新实力与努力具有决定性作用。通过创新，企业可以提高产品质量，改善生产过程，从而提高企业生产率和竞争力，寻求更具竞争力的国内与国际市场定位，不断向高附加值生产发展（Cimoli，Primi y Rovira，2011；Dini y Stumpo，2011）。在这一过程中，企业自身以及向其他企业或机构学习，不断积累知识尤为重要。

企业利用科学技术的最新研究成果，并通过科技成果转化为在生产领域制造新产品，采用新流程或改善既有生产模式与产品，从而提高企业生产率与竞争力，是国家创新体系中的关键主体

以下四项因素综合决定企业的创新能力：对知识的吸收能力，同行业企业数量，所属行业以及所处总体社会经济运行背景。鉴于拉美地区企业多样性及中小企业在整体生产领域的重要性，我们有必要对其科技创新能力与局限进行分析。拉美中小企业创新行为一般只是面对大企业竞争压力时采取的应对措施或非正式性战略，并非是其自身发展规划的组成部分。此外，由于中小企业在创新能力方面面临的种种制约，它们通常采取毚壁市场战略，而非选择参与或拓展在大规模市场中的竞争。

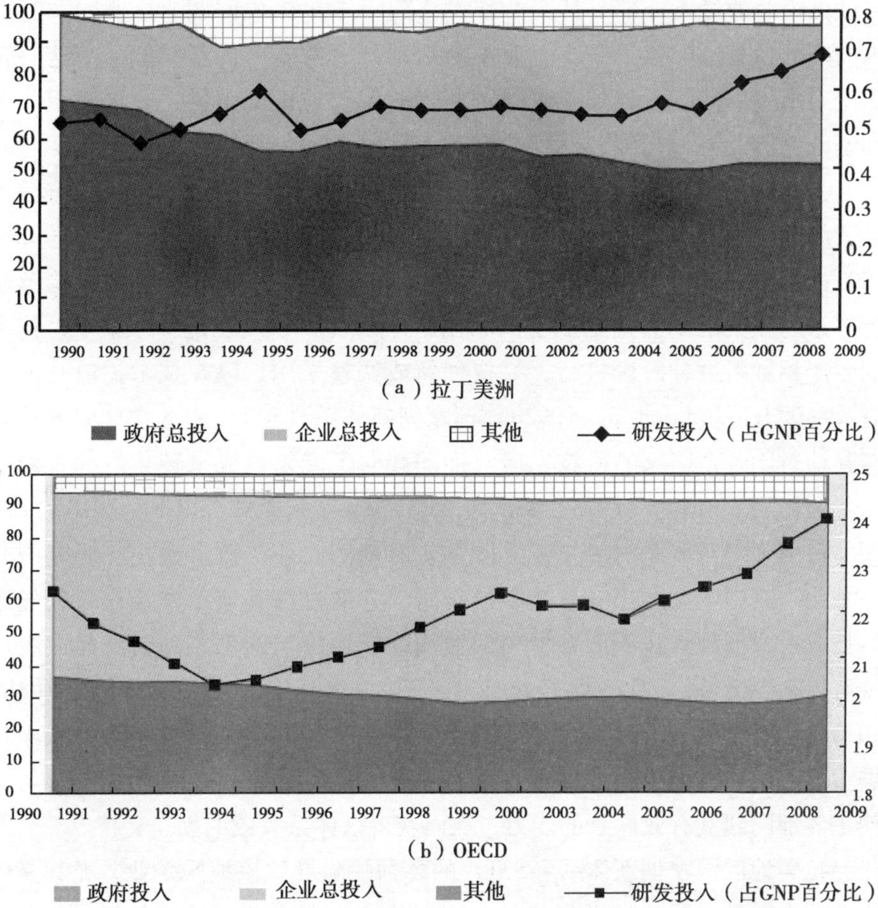

图 4.1　拉丁美洲与经合组织（OECD）：科技研发投入及资金来源（1900～2009 年）

资料来源：伊比利亚泛美科技指标网 RICYT 及 OECD 数据库。

统计链接：http：//dx. doi. org/10. 1787/888932719276.

企业规模大小差异直接影响其创新能力：大公司获得不断增长的研发投入与创新活动带来的收益，而中小企业由于规模小面临各种严峻的限制，技术创新能力微弱，技术应用和向生产领域实施成果转化的机会少。暂且排除中小企业内部差异，拉美中小企业总体上面临着一些具有共性的制约因素，其中最突出的有信贷融资困难，人力资源贫乏，出口导向性弱，与人力资源及市场研究型服务企业互动性不足，参与和利用相关培训与服务程度低，企业经营外部支持与合作网络建设差等瓶颈问题。行业间及行业内的多元性是影响拉美中小企业创新活动开展的重要因素，但由于这些企业主要从事一些具有较强地区性特征特的生产项目（贸易、非正式服务业和基础制造业），对新技术知识的需求较少，因而创新活动总体开展不足。

公共研究中心和大学构成了对中小企业技术创新与开发的基本支持。创新的核心问题是，企业与公共和私营部门的合作与关系问题。（Nelson，1993；Dosi，Cimoli 1994；CEPAL/SEGIB，2010），这与涉及的相关机构及现行一系列相关准则共同构成了国家创新体系（SNI）。在这一框架下，技术向生产领域引进分阶段进行，科技创新或调整采用，以及技术扩散与转化有节奏地开展（Lundvall，1992）。国家创新体系（SNI）中各主体间的关联与互动对于各个国家的科技发展及推动其向生产领域成果转化发挥着极其重要的作用（Nelson，1993；Dosi，Cimoli，1994；CEPAL/SEGIB，2010）。

在国家创新体系中的关键主体有政府部门、高等教育机构、研究中心与企业。其中企业发挥着最核心的作用，它通过与其他主体合作吸收先进科技成果，推动其在生产领域中的使用，从而推出新工艺和新产品或改进现有工艺与产品，最终提高企业生产率与市场竞争力（CEPAL/SEGIB，2010）。总体来说，大公司在体系中发展不同程度的各种合作关系，从而占据主导地位；而中小企业则很少能够获得相应的研究资源，也不具备与其他主体部门建立有效联系的能力，从而获得该体系有效的创新支持。

拉美地区国家创新体系（SNI）的各种缺陷导致该地区企业，尤其是中小企业在科技发展愈加迅猛与专业化细分愈加深入的市场竞争舞台中，更加处于劣势。拉美各国的国家创新体系均面临其构成主体的能力局限问题，而各主体间的差异与不一致性也阻碍了协调与合作。在科学、技术与创新（CTI）方面，由于生产领域的低知识需求及低研发投入水平，尤其是来自企业界的低投入比，拉美相比发达经济体仍然存在巨大的差距。因此，中小企业需要的创新能力只能依靠网络才有可能得到开发，网络在企业和机构间传播的技术和信息，如同企业的原料和产品一样重要。这样，才有可能提高附加值和生产率（CEPAL，2010）。

中小企业：技术创新活动、优势与局限

经济发展和技术革新与相关机构的技术创新与积累、企业的贸易活动、科技知识的传播和流动等因素密切相关。这些因素既对创新活动的开展和结果产生影响，同时后者也对其具有反向影响力。在企业发展创新能力和增强竞争力中，学习及知识积累能力发挥着至关重要的作用，而这种学习能力是建立在企业经营经验以及与其他企业或机构的互动能力和状况之上的。可见，技术创新并非是孤立或自发的企业行为，而是在复杂的社会互动过程中产生的，是知识传播与流动以及国家创新体系（SNI）中各主体相互作用的原因和结果。此外还存在其他一些可考量的重要变量，如行业和地域类型、企业间竞争动力等。

中小企业及其创新能力

排除国家、行业、企业间的差异及其对于出口的不同影响，企业提高生产率和竞争力的根本途径是依靠技术创新（见专栏 4.1）。

与大型企业相比，中小企业面临着巨大的创新制约。企业科技研发投入通常伴随着较高的结果与收益的不确定性，巨额前期投入对大型企业来讲不构成任何障碍，但却是中小企业难以承担的风险。此外，内外部融资渠道限制、担保申请困难及高利率导致的高融资成本都是中小企业创新开发和引进先进知识的重大壁垒。同时，技术创新本身也要求企业具备一定的规模基础和经营范围特点，这也使得中小企业难以融入和参与到技术创新进程之中。相形之下，大型企业在承担创新投入风险和获得相应回报上都处于明显的优势地位（见专栏 4.1）。中小企业应当与其他企业建立联系与合作，从而更加便利和有效地促进知识吸收与自身学习。尽管面临上述种种制约，中小企业在技术创新和发展方面也具有自身独特的优势，例如中小企业因运行机制与结构的可塑性强，有能力迅速调配人员和快速决策而对技术变化具有更强的灵活应对能力。

技术创新并非孤立或自发的企业行为与进程，而是知识传播与国家创新体系中各主体相互作用的原因和结果。企业在行业中的经营地位及其面临的竞争压力促使企业开展技术创新活动

中小企业内部的技术创新行为也有差距。通常面向国际市场的企业创新能力相对较强，实际创新行为也更多，尤其是在动态效应（即熊彼特或凯恩斯效应[3]）主导性强的行业和领域。面向国际市场的经营要求企业具备较高的技术水平，同时也有益于提高企业技术水平，改进组织结构及商业模式，而这些都将帮助企业提高技术创新能力。此外，人力资源水平（人才吸纳能力）也是企业提高产品和流程创新能力的必备条件。在一些行业中，企业的知识积累能力和水平较高，使得企业更具有创新倾向。

专栏4.1　创新、出口和生产率：拉美国家与OECD案例中的正相关性

针对拉美国家和OECD成员国的比较研究显示：大型企业比中小企业开展更多的科技创新活动，生产企业规模对其创新行为的影响在不同国家呈现出相似的特点。例如，在阿根廷、智利、哥伦比亚和哥斯达黎加，大型企业比小型企业的创新能力平均高出10%，巴拿马为8%，乌拉圭为拉美地区最高达到17%。和拉美地区一样，OECD成员国的企业规模与创新能力也呈现出明显的正相关性，其中挪威的上述变量最高为32%，英国为4.6%。

不同研究证实，出口型企业比面向国内市场的生产型企业具有更大的创新倾向与可能性。这种相关性在拉美国家表现明显，如阿根廷（15%）、智利（11%）和哥伦比亚（7%）。OECD成员国也是同样情况，其中一些国家差距表现极大如法国（78%）、挪威（64%）和比利时（62%）；而在另一些国家差距则相对较小，如加拿大（29%）、瑞士（31%）和新西兰（35%），当然这些数值较美洲而言仍然是相对偏高。

此外，创新能力与劳动生产率也呈现出正相关性。我们取后者相关变量如人力资本来测算，两者在OECD国家案例中的统计结果充分证实了这一点。其中在欧洲成员国中，来自创新产品的销售与生产率高的相关性发生在大型企业，而在加拿大和新西兰，这一相关性更多体现在中小型企业中。

政府财政支持也为企业的创新发展带来积极影响。在拉美国家如智利和哥伦比亚，获得政府财政支持的企业较其他企业创新投入高80%，哥斯达黎加则更为明显，前者投入是缺乏公共支持企业投入的两倍。OECD国家情况相似，如在德国、芬兰和低地国家（荷兰、卢森堡和比利时）及意大利，前者投入超出企业平均水平约40%～50%，而在澳大利亚、比利时、丹麦、法国和挪威，两者差距则更高达70%。以上都证实了扶持创新的公共政策通过在创新投资中的挤出效应，从而对企业创新具有促进作用。

资料来源：OECD数据库，Crespi，Zúniga，(2010)。

扶持创新的公共政策通过在创新投资中的挤出效应，从而对企业创新具有促进作用

中小型企业技术创新能力方面的两个重要特征是：

（1）与大型企业相比，其技术创新战略具有非正规性特点。这一点在中小企业内部以及不同行业间也存在差距，但总体来说知识密集型企业表现出更高的创新战略的正规性，研发投入更高、更为持久。

（2）与合作伙伴和其他机构及部门的较低程度的互动性。这一点降低了企业创新战略的影响和效果。中小企业可以通过提高互动性，与没有规模瓶颈制约的大企业建立联系和合作，从而对技术创新战略进行规范（Dini，Stumpo，2011）。

中小企业进入国际市场有助于提高其科技创新发展，因为应对国际竞争要求企业应用新技术、提高技术竞争力和优化企业组织与商业模式

创新活动、成果与障碍

企业技术创新和发展旨在提高企业生产率和竞争力的同时降低运营成本。在分析和研究拉美地区企业创新与生产结构的问题时，“创新”这一概念需要更为宽泛地理解和使用。这主要由于拉美地区的企业大多数集中于低知识密度型生产领域。总体来说，拉美中小企业在技术创新投入上具有较强的非正规性与非持续增长性，很少进行基础性创新投入，比如纯粹的技术研发。因此，如果不对“创新”一词的定义适度延展，拉美中小企业及低科技密度生产领域的革新能力将被低估。

依据对拉美若干国家的调查数据，拉美中小企业创新活动呈现出一些模式上的共性。事实上在拉美地区开展此类研究并非由来已久，相反是在近期才愈加引起关注和重视的，且目前在这方面所做的努力主要依靠不同国别的调查数据实现。接下来我们将在利用拉美五国（阿根廷、巴西、智利、哥伦比亚和乌拉圭）相关数据的基础上，分析和发现拉美企业在主要技术创新与扩散活动方面的情况和特点。当然，值得注意的是目前对拉美地区的研究仍然缺乏具有较高一致性与可比性的数据，准确衡量该地区企业科研和组织能力，以及吸纳与沟通能力的真实情况。因此必须改进调查的数据结构设计和重点，用以反映拉美企业在创新活动中的实际能力、做出的努力以及遇到的障碍。这样的调查和信息获取工具很有可能在未来的技术创新与发展相关公共政策领域发挥重要的参考和评估作用。

我们目前所采用的调查数据，只是为拉美中小企业创新活动研究提供了局部的观察视角，尽管还无法对区域整体或仅在企业层面对科技发展的各个重要方面进行全面分析，目前5国的数据仍在一定程度上可以帮助我们认识拉美企业在技术创新领域中的一些共性、主要成果和面临的障碍。

拉美中小企业创新活动主要集中在技术转移和模仿阶段。这也反映在其高比例的资金投入主要流向机器设备购置，而在基础性创新如研发（见图4.2）方面的投入则较低。相对而言，大型企业则在研发与资本性支出两方面实现更为均衡的投入分配。此外，企业规模与行业也对创新活动具有影响作用。拉美地区的企业创新活动在国家间有不同的特点。一些国家，如乌拉圭加大了机器设备购置的投入；另一些国家如阿根廷则对研发投入相对更为重视。

拉美中小企业创新活动主要集中在技术转移和模仿阶段。这也反映在其高比例的资金投入主要流向机器设备购置等资产性支出，而基础性创新如研发投入则相对较低

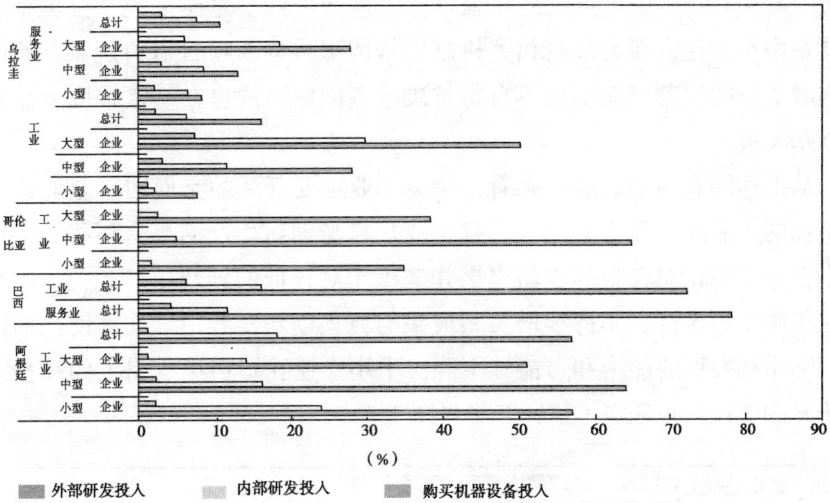

图 4.2　依据规模和行业的企业资本投入与科技研发投入统计

（占创新型企业百分比计算）

注：企业规模划分按照调查中相关国家各自的定义采用其数据。哥伦比亚提交的数据为研发投入的总量。

资料来源：依据阿根廷“全国企业创新、I + D 与 TIC 调查”2002-2004（INDEC-SECYT, 2006；“巴西技术创新调查”（IBGE，2000），“Innovación y sus determinantes en la pequeña y mediana empresa：el sector manufacturero colombiano”（Gutiérrez，2011），“乌拉圭工业创新活动调查Ⅲ”2004～2006（ANII，2008）以及“乌拉圭服务业创新活动调查Ⅰ”2004～2006（ANII，2008b）。

统计链接：http：//dx. doi. org/10. 1787/888932719295.

除规模和行业因素外，人力资源和融资渠道同样也是拉美企业在创新活动中产生差异的重要原因。企业在创新活动中全部或部分投入的人力资源被视作企业实施技术或组织创新的风向标。在以上国家中，较为“严格”创新的企业比“宽松”创新的企业相应投入了更大量的人力资源参与创新活动与开发。2006 年乌拉圭开展“广义创新”企业的人力资源投入比为3%，而该国“严格创新”企业的该指标为 7%（ANII，2008a）。大型企业投入创新活动的人力资源比例相对较高，这或许可归结为其人力资源水平相对较高，企业融资环境优越，组织结构和创新战略完善。而中小企业的雇员相对来说创新型优势偏低，参与创新活动的单位或部门具有非正规性劣势。此外，拉美中小企业还在融资方面遭到制约。总体来说，拉美企业尤其是中小企业，因为政府相关机制安排或促进创新项目申请困难，始终面临融资难的问题，而不得不自行解决融资问题，这也在一定程度上制约了创新发展。

从上述国家的创新成果来看，拉美企业主要开展的是面向本企业或当地市场的产品或流程方面创新，且企业规模与创新生产结果密切相关，即中小企业实现相对较少的创新成果并获得相对较低的创新生产收益。中小企业集中于边缘性、非持续增长型成果与流程创新实践中，从而使他们面向国际市场发展的能力和可能性下降。中小企业在资产性支出上的高投入与研发的低投入也证实了这一点（见图4.3）。

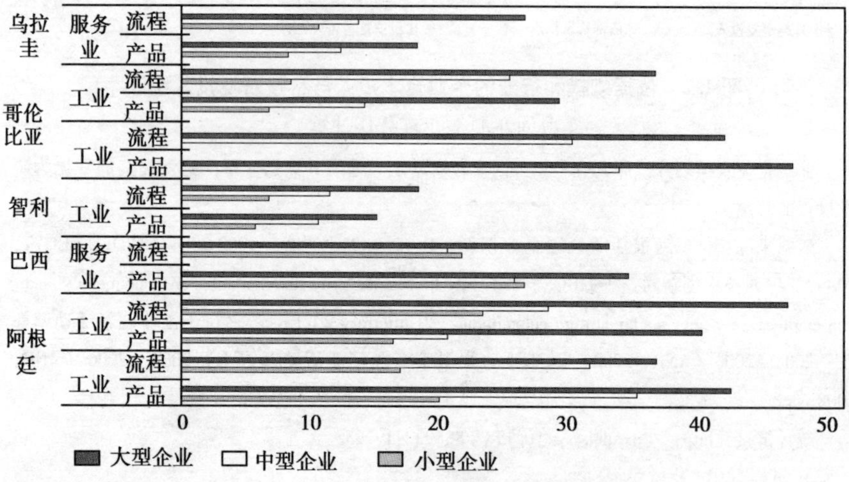

图4.3　依据企业规模与行业创新成果调查

注：企业规模划分按照调查中相关国家各自的定义采用其数据。

资料来源：依据阿根廷“全国企业创新、I + D 与 TIC 调查”2002 ~ 2004（INDEC-SECYT，2006；“La conducta innovativa de las pymes industriales y de servicios argentinas”（Barletta，Robert，Yoguel，2011），“巴西技术创新调查”（IBGE，2000），“Innovación y sus determinantes en la pequeña y mediana empresa：el sector manufacturero colombiano”（Gutiérrez，2011），“智利创新调查Ⅶ”（经济部，2012），“乌拉圭工业创新活动调查Ⅲ”2004 ~ 2006（ANII，2008）以及“乌拉圭服务业创新活动调查Ⅰ”2004 ~ 2006（ANII，2008b）。

统计链接：http：//dx. doi. org/10. 1787/888932719295.

行业因素的影响也是不容忽视的。例如阿根廷工业体系中创新投入比例最大的企业集中于电气工程和自动化行业，服务产业方面为信息技术相关行业（Barletta，Robert，Yoguel，2011）；哥伦比亚工业体系中的行业创新差异也十分显著，一方面中小企业集中在机械与电器产品行业实施产品技术创新；另一方面在自动化产品、拖车与半拖车生产中实施生产工艺创新（Gutiérrez，2011）。巴西和乌拉圭也有类似的行业差异情况。

行业因素对中小企业开展创新活动也十分关键。在阿根廷，电气工程和自动化行业企业大量投入技术创新；在哥伦比亚，创新投入主要集中在机械、电器、自动化、拖车与半拖车这些行业中

开展技术创新必须承担的高成本与高风险也对企业尤其是中小企业构成了障碍。在巴西，服务业还有来自人力资源的短缺的障碍因素

微观经济、行业和宏观经济因素由于对技术创新的开展、力度与质量方面具有一定决定性，进而也在整体上成为创新活动的制约因素。在拉美地区，阻碍创新开发的因素具有一定的共性，其中最突出的是融资困难和人力资源贫乏，尤其在中小企业表现得更为明显。因此在制定和实施促进科技创新开发的政策与工具时，特别需要予以关注。

企业与国家创新体系（SNI）框架内其他主体的薄弱联系与合作也是一大阻碍因素，这不利于科技与知识的转移，创新开发以及生产领域与研究部门的沟通协作。这些阻碍因素随着企业规模越小而显得越为突出。

创新活动的自身特点和要求也对企业尤其是中小企业创新构成了障碍（见图4.4）。高成本与高风险是开展技术创新的必要条件，然而中小企业和非创新型企业却无力承担。例如阿根廷非创新型企业由于对于风险的厌恶，视创新的高成本（57%），高经济风险（55%）和融资短缺（49%）三项为最大障碍性因素（Barletta，Robert，Yoguel，2011）；巴西工业创新企业认为高成本（73%），高风险（66%）和融资难（52%）为最主要障碍因素；服务业企业将最大的障碍因素归结为人力资源匮乏（70%），同时和工业企业共同认为高成本（72%），高风险（63%）和融资难（49%）也是主要

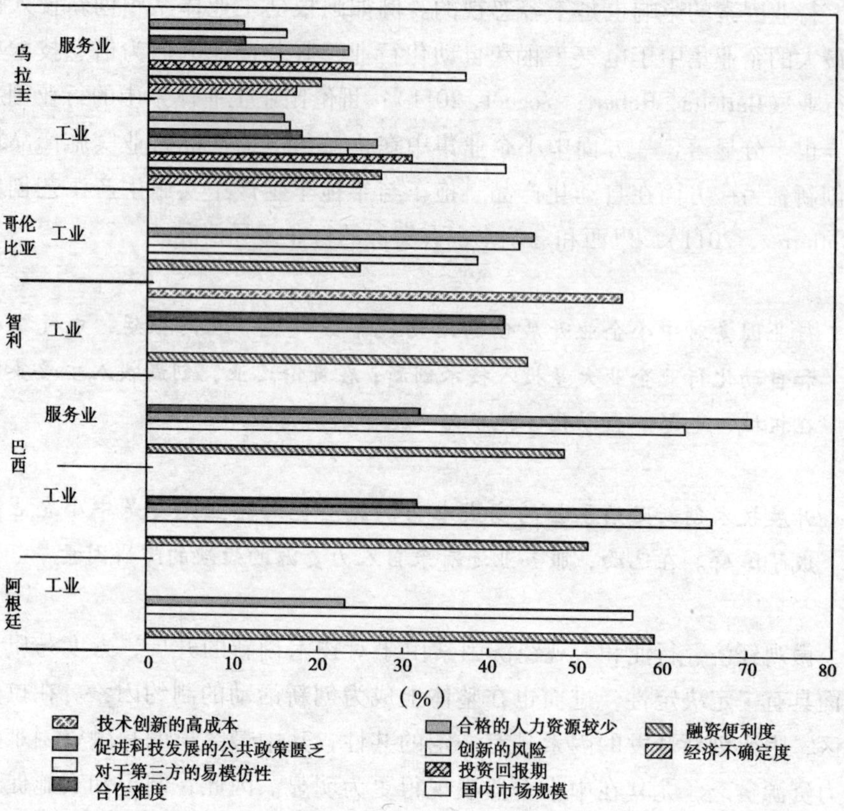

图4.4 企业创新的主要阻碍因素（分国家和行业统计）

注：企业规模划分按照调查中相关国家各自的定义采用其数据。乌拉圭服务业中的“宏观经济不稳定性”用“经济的不确定度”替代。

资料来源：依据阿根廷“全国企业创新、I+D与TIC调查”2002~2004（INDEC-SECYT, 2006；“La conducta innovativa de las pymes industriales y de servicios argentinas”（Barletta, Robert, Yoguel, 2011），“巴西技术创新调查”（IBGE, 2000），“Innovación y sus determinantes en la pequeña y mediana empresa: el sector manufacturero colombiano”（Gutiérrez, 2011），“智利创新调查VII”（经济部，2012），“乌拉圭工业创新活动调查III”2004~2006（ANII, 2008）以及“乌拉圭服务业创新活动调查I”2004~2006（ANII, 2008b）。

统计链接：http://dx.doi.org/10.1787/888932719295.

原因（IBGE, 2010）；而哥伦比亚的中小企业面临最大的阻碍来自人力资本的获取和培训（45%），高风险（43%），组织结构及管理问题（40%），市场结构和规模问题（38%）以及信息问题（37%）（Gutiérrez，2011）。

拉美国家支持创新开发的公共政策各有不同。尽管在一些国家这些扶持政策取得了积极效果，但中小企业在利用相关政府项目与政策上却仍然存在种种障碍和限制。

最后，除上述所有障碍性因素之外，还需考虑各个国家的自身的制约因素。例如乌拉圭，由于其国内市场规模较小，在面临大规模的去经济化时，企业创新发展就比较复杂了。

专栏 4.2　对促进创新发展的公共政策的认知（以智利与巴西为例）

在智利 55% 的工业创新企业认为，政府缺乏激励措施是企业创新发展的障碍。尽管 38.3% 的创新企业对政府公共支持项目如“创新智利”（InnovaChile）、科技发展促进基金（FONDEF）、农业创新基金会（FIA）及“比奥比奥创新”（Innova Bío Bío）有所了解，但仅有 5.2% 的企业使用过这些项目。而非创新企业中，有 20.5% 对此有所了解，仅 1.5% 使用过。这一差距与预期基本相符，非创新企业由于从未开展过创新活动，对相关政策意图了解较少或无实质用途从而较少接触和使用。但应当指出的是，尽管创新型企业对政府公共政策和项目有一定了解和利用，比例仍然偏低。

表 4.1　对公共支持项目的认知和利用（以智利创新与非创新企业为例）（%）

对公共支持项目的认知					
	创新智利（Innova Chile）	科技发展促进基金（FONDEF）	农业创新基金会（FIA）	BíO BíO 创新项目（Innova BíO BíO）	对其中某个项目有所了解
创新企业	27.6	31.3	12.9	14.5	38.3
非创新企业	13.9	13.6	7.6	6.4	20.5
对公共支持项目的利用					
	创新智利（Innova Chile）	科技发展促进基金（FONDEF）	农业创新基金会（FIA）	BíO BíO 创新项目（Innova BíO BíO）	利用过其中某个项目
创新企业	2.5	2.6	1.1	0.4	5.2
非创新企业	1	0.5	0.1	0.1	1.5

资料来源：依据智利经济部（2009）数据。

在巴西，22.8%的工业企业至少获得过一项国家支持用以产品或工艺创新。然而随着企业规模缩小，这一比例也逐渐降低。同时，36.8%的大型企业至少已经获得过一项政府支持，在中型企业该比例为23.7%，小型企业为22.2%。在工业企业中，政府支持主要被用于机器设备的采购（14.2%）。

资料来源：依据智利经济部（2009）与巴西地理统计局（IBGE）（2010）数据。

专栏4.2　对促进技术创新的公共政策认知（以智利和巴西为例）（Cont.）

表4.2　巴西企业依据规模对公共支持项目的利用统计（%）

巴西创新型企业对公共支持项目的使用（依员工规模统计）												
	10～99人			100～499人			≥500人					
	工业	服务业	研发	工业	服务业	研发	工业	服务业	研发	工业	服务业	研发
研发投入与购买机器设备投入	14.3	3.3	0	14.7	4.6	10.5	12.1	1.3	16.7	14.2	3.4	10.3
与大学及研究机构合作的创新项目	0.7	0.9	37.5	1.1	2.5	78.9	4.2	2.5	83.3	0.8	1.1	71.8
无大学及研究机构合作的创新项目	1.3	0.9	50	0.9	2.1	52.6	4.7	1.1	83.3	1.4	1	61.5
对研发及科研人员参与的补贴	0.4	3.1	12.5	0.9	4.1	21.1	4.1	3.6	50	0.5	3.2	28.2
信息法	1.8	0.6	25	1.6	3.1	57.9	3.2	5	33.3	1.8	90	43.6
研发与技术创新法	0.5	0.5	0	1.9	6.7	26.3	16.2	16.5	33.3	1.1	1.5	23.1
其他支持项目	7	7.6	37.5	7.6	12.9	57.9	9.2	2.5	83.3	7.1	7.9	61.5
总计	22.2	14.1	75	23.7	26.2	100	36.8	25	100	22.8	15.3	94.9

资料来源：依据“巴西科技创新调查”（2010）。

拉美企业在国家创新体系（SNI）框架中与其他主体的关联水平较低。

通过提高与其他机构的互动，加强跨领域合作和联系将为其在信息获取、积极参与新科学技术的转移和传播中受益并创造新的空间。然而，大学和企业间由于其各自不同的性质及承担的不同社会功能，相互协作显得并非十分容易。大学从未在企业创新进程中承担重要的动力性支持作用，各主体的合作水平也较低，因而造成科技知识在企业生产领域和创新战略中的较低的利用水平（CEPAL/SEGIB, 2010）。尽管中小企业在提升创新潜力和实现技术现代化中面临种种制约，他们与国家创新体系中其他主体关联性的提升空间仍将为降低经营成本和不确定性，进一步利用新科技知识和增强企业内部实力提供可能。加强这种联系可依据不同强度和频率需要采取不同的形式，但总体都将为企业发展带来许多益处。

智利55%的创新企业认为政府缺乏激励措施是企业创新发展的阻碍因素。尽管每100家企业中有40家了解政府部门的公共支持项目，然而仅5家实际利用过这些项目

专栏4.3 中小企业及其与国家创新体系（SNI）关联性的提升空间

服务业企业与国家创新体系（SNI）相关主体的关联度随企业规模的扩大而提高。在巴西，如按行业和规模拆分来看，9%的工业和12%的服务业小型创新企业曾参加与SNI相关部门的联系与合作。在中型和大型企业中，该比例分别上升至15%和14%，以及35%和24%。

尽管巴西企业界（工业与服务业）与大学联系薄弱，但前者高度重视加强与后者的联系与合作，其中包括30%的工业企业与43%的服务业企业(IBGE, 2010)。在哥伦比亚，企业与大学的关联性很低，只有约6%的小型企业和10%的中型企业与大学建立过合作。在这两个国家中，企业与国家创新体系（SNI）相关主体的关联度均随企业规模扩大而提高。与其他拉美国家一样，哥伦比亚的大学也未在制造业中小企业的创新进程中发挥重要的推动性支持作用（Gutiérrez，2011）。同样，乌拉圭工业与服务业创新企业也与不同的SNI机构发展合作关系，这种合作水平总体也较低，其中包括4%的小型企业、10%的中型企业和24%的大型企业，同样表现为企业规模越大合作越紧密。然而拉美企业界高度重视提升这种合作，目前32%的严格意义上的创新企业和12%的更宽泛意义上的创新企业与大学建立了联系，政府方面负责科技和信息（CTI）项目运营的部门原本与企业界联系程度较低，现在也加大了合作力度。

发展旨在促进SNI框架内各主体相互合作与拉美区域创新能力的相关政策十分必要。尽管只有少数国家具备强有力的SNI系统，但拉美各国在通过促进创新推动地区经济增长、提高企业竞争力上已达成共识。因此，在拉美若干国家，该共识已经被提上议事日程，具体将在国家整体CTI计划中制定并推出相关政策，促进SNI相关主体的合作水平。

资料来源：依据调查由作者提供。

总之，本次创新调查分析指出了当前拉美中小企业的特点，及其在创新活动进程中面临的主要障碍。中小企业创新实践的领域较大型企业仍有差距：总体来说中小企业在基础创新如研发领域投入相对不足，主要集中于机器设备购买这一资本投入上，其中信息和通讯产品占据了相当的比重。造成该现状的主要原因是：中小企业受规模制约，创新活动需承担高成本和高风险。因此，与大企业相比，中小企业在创新开发上处于劣势，同时也无法获得相应的创新回报。此外，资金的可获性、优质人力资源匮乏、所处行业的低信息知识和技术密集性等因素，也是中小企业可能面临的现实障碍。因此，在制定促进创新和技术成果转化的相关政策时，以上制约因素应当予以充分考虑。

上述结论再次证明，通过加强和拓展公共政策促进培育和发展中小企业的必要性，因为中小企业依靠自身力量难以实现复杂和宽领域的创新活动。

尽管拉美一些企业在特定若干领域已达到世界领先的技术水平，但他们如同“技术孤岛”镶嵌在拉美整体生产环境中，其周边科技水平相对较低，且生产组织结构差异较大

在若干特定领域中，一些企业已经达到世界领先的技术水平。但是，他们如同“技术孤岛”镶嵌在拉美整体的生产环境之中，其周边科技水平相对较低，且生产组织结构差异较大。为促使拉美国家共同走上更具包容性的发展道路，提高企业研发创新投入，从而大幅度提高企业生产率和竞争力是必由之路。除科技和创新政策之外，合理的产业政策设计和实施也是必不可少的。这些政策均要充分考虑拉美中小企业的实际特点，高度重视 SNI 框架下各主体的协作和互补，切实方便中小企业建立和发挥各种协调与合作机制，从而有效推动中小企业的科技创新与开发。这些政策必须是能帮助企业跨越各种障碍，通过滴漏效应和连锁反应突破行业壁垒，打通产业链，实现技术创新发展，提高企业生产附加值，优化中小企业收入和薪酬水平，并在整体上促进经济增长。

拉丁美洲的信息与通讯技术：应用与收益

如前所述，拉美企业尤其是中小企业一项重要的技术创新与发展实践，即通过在机器和设备的资本投入在生产领域引进先进技术。其中，信息与通讯技术是近些年来拉美中小企业最重要的投资项目之一。因此，我们有必要关注拉美中小企业信息与通讯技术的引进和使用现状，分析其对更复杂技术使用的可能性、可能面临的障碍以及未来的应用潜力。

信息与通讯技术进入拉美中小企业

尽管拉美在信息与通讯技术的基础性工具（个人电脑、因特网和电子邮件）使用方面已经有了很大的提高，在高端信息技术产品使用方面，拉美仍与 OECD 成员国存在较大差距。拉美中小企业在 TIC 基础设施建设方面已大幅度缩小了与 OECD 国家的差距，但在高端复杂技术运用方面，差距却在扩大。

拉美正规中小企业在基础 TIC 产品，如固定和移动电话、个人电脑、常规软件、因特网的使用方面并没有明显差距

目前，对于拉美地区中小企业信息与通讯技术引进和使用情况的统计有准确的信息，但是由于不同的统计方法和覆盖范围，该信息无法用以做国家间或国内的比较研究。这些数据通常只涉及基础性指标（如互联网接入、电脑数量），而对于更显复杂的实际应用及技术使用效果则缺乏相关描述和说明，这也加大了在该领域明确拉美企业较OECD国家有怎样差距的难度，不利于进一步学习和改进。

近年来，对拉美企业TIC使用状况评估进行改进已提出了多项建议。目前的评估主要集中于基础数据领域，新的指标建设还处在初始阶段。已有的可用数据包括：使用电脑情况，内网及因特网接入，电子商务销售数据和企业信息技术人员配置；有时还包括因特网接入方式，主要用途以及外联网的可利用情况，但不涉及有关设备配置和使用的细节；有时一些数据仅仅反映制造业而非全部产业情况，而另一些数据则排除了微型企业因此也不具有完全的代表性；例如，农业部门[4]的中小型企业对TIC的使用在很多时候都没有纳入统计范围。

尽管有上述局限性，对一些指标进行分析仍然能为我们了解TIC在拉美不同规模企业中的传播和使用提供部分观察视角。企业生产引进和使用先进技术既是技术渐进扩散的结果，同时也要求企业具备一定基础设施装备以达到相应的最低门槛，这对于企业迈向更成熟和更高级的技术使用阶段十分重要（Peirano，Suarez，2006a；Kotelnikov，2007；Rivas，Stumpo，2011）。企业不断实现技术升级、超越现有阶段技术使用水平要求企业付出更大的努力并具有更强的能力和组织互补性。并且这一进程应当从相对非尖端技术如固定或移动电话、个人电脑与基础软件开始，逐渐发展到使用其他更复杂的技术，如电子商务和信息与通讯系统。

拉美正规中小企业在TIC基础产品的可获性方面，与大型企业相比并没有明显差距。这主要由于基础产品是TIC发展和利用的第一阶段中最主要的成果，且引进使用成本已经大大降低。尽管对该技术在不同规模企业传播的跟踪调查十分匮乏，现存研究结果仍然反映出在拉美若干国家中，中小企业均已引进和采用计算机，并在网络接入方面达到与大型企业相当水平。两者对基础性信息通讯工具如电子邮件的使用相差无几，拉美国家相关数据显示电子邮件的普及率在小企业中已达到98%，大企业为99%。

目前，相当部分的拉美中小企业基本进入TIC应用的第二阶段。在这一阶段中，企业无需太多投入即可通过创建和登记注册，在信息基础设施架构上灵活地对企业进行标准化行政管理。信息基础设施的改进极大地推动企业常规业务运营，这一技术的应用同时也为信息生产和传播带来冲击。企业将获益良多，特别体现在管理程序的自动化，人力资源生产效率随之提升，同时企业内部或与第三方的交易成本降低。在这一阶段，一些相对更高级的技术也会部分得到运用，例如政府部门的行政办公系统、电子银行和金融服务。在这一阶段，尽管中小企业普遍参与使用信息技术，但不同规模企业的差距开始拉大（见图4.3），即便拥有独立网址的企业之间也开始出现分化，而这一点在统计信息中并未得到关注。在第二阶段中，我们将使用网址来实现企业信息传播功能的企业纳入其中，用以区别另外一些企业使用自己的网址用以和供应商或客户建立业务联系。

进入第三阶段，TIC将在企业中发挥决策支持的作用，帮助企业处理各种信息并在企业战略性领域发挥联系作用。这一更高级的技术应用，对企业人力资源的既有素养和着力提高人力资源培训提出了较高的要求，而中小企业因明显处于劣势而相对落后。由于新技术、新工具的有效利用离不开人的参与和对相关管理系统的运营，因而企业人力资源实力就极具重要性了。衡量企业是否能对其不同领域的工作实施一体化管理的重要指标是企业内网，拉美企业在内网使用和建设方面表现出了较大的差异性。

表4.3　拉美企业依据企业规模对中级TIC技术的使用（%）

	国家	微型企业	小型企业	中型企业	大型企业
使用因特网处理面向政府相关管理部门的企业比例	阿根廷*	—	50	66	82
	巴西	—	66	78	87
	智利	70	83	95	97
	哥伦比亚	39	53	68	78

续表

	国家	微型企业	小型企业	中型企业	大型企业
通过互联网使用电子金融或其他银行服务的企业比例	巴西	—	83	91	94
	智利 **	—	77	89	93
	哥伦比亚	67	84	91	93
拥有主页的企业比例	阿根廷	—	62	76	83
		—	50	75	91
	巴西	9	21	53	75
	智利	2	23	60	77
	哥伦比亚 **	—	45	60	75

注：* 取开展这几种交易的企业均值（不考虑交易频率）：a，阿根廷联邦公共收入管理局（AFIP）清算和支付，b，税务清算和支付，c，其他相关手续，依据 OEDE-DGEYEL-MTEySS（2011）；

** 依据“智利企业引进和使用信息与通讯技术调查（2006）”。企业规模的划分依据调查中相关国家提供的企业员工人数；

*** 哥伦比亚的数据依据一项“关于信息与通讯技术的基本指标研究”（2006，2007），哥伦比亚统计局 DANE（2008）。

资料来源：依据几项研究报告制作。阿根廷数据来自 OEDE-DGEYEL-MTEySS（2011），TIC-EIL 模块。巴西数据来自“家庭和企业的 ETC，2011”（CETIC，2012）。哥伦比亚数据来自哥伦比亚统计局（DANE）的“ETC 调查”（2008）。智利数据依据经济部企业观察“第二次企业纵向调查”（2012）。乌拉圭数据依据国家统计局（INE）TIC 模块（2007）。

表 4.4　拉美企业对 TIC 技术的使用强度（%）

	国家	微型企业	小型企业	中型企业	大型企业
使用因特网下订单的企业比例	阿根廷	—	22	24	25
	巴西	—	56	68	68
	智利	5	10	15	14
	哥伦比亚	33	43	49	49
	乌拉圭	—	36	49	54

续表

	国家	微型企业	小型企业	中型企业	大型企业
使用因特网接收订单的企业比例	阿根廷	—	18	22	23
	巴西	—	11	14	18
	智利	4	6	10	9
	哥伦比亚	35	45	49	46
	乌拉圭	—	37	47	44
拥有内网的企业比例	阿根廷	—	18	34	61
	巴西 *	18	35	49	72
	哥伦比亚 **	19	21	37	62
	乌拉圭	—	22	38	56

注：＊巴西的数值表示相应占企业总数百分比，其他国家为占互联网使用企业总数百分比。哥伦比亚数据依据一项“关于信息与通讯技术的基本指标研究”（2006，2007），哥伦比亚统计局 DANE（2007）。

资料来源：依据几项研究报告制作。阿根廷数据来自 OEDE-DGEYEL-MTEySS（2011），TIC-EIL 模块。巴西数据来自“家庭和企业的 ETC，2011”（CETIC，2012）。哥伦比亚数据来自哥伦比亚统计局 DANE 的“ETC 调查”（2008）。智利数据依据经济部企业观察“第二次企业纵向调查”（2012）。乌拉圭数据依据国家统计局（INE）TIC 模块（2007）。

密集而全面使用 TIC 技术，采用结合高专业性信息软件如企业资源计划系统（ERP）和客户关系管理系统（CRM）内网的企业，基本处于信息通讯技术利用的第四阶段。在这一阶段，企业投入主要集中于技术基础设施和高素质人力资源的支持方面。企业对 TIC 技术进入深层次使用，而这些技术除了帮助企业进一步优化前几阶段取得的收益外，还将为企业的创新开发带来优势。得益于 TIC 技术的使用，企业内部各领域间相互作用加强，企业与供应商或客户[5]沟通常态化、顺畅化，这些都有利于企业的创新开发。然而不同企业因技术实力、组织和学习能力不同，在这一领域的表现也有所差异，且这一差异并非与企业规模或经营时间有必然联系。例如阿根廷 25% 的小型企业拥有 ERP 系统，该比例在中型和大型企业分别为 32% 及 60%；而在巴西，这三组指标分别为 24%、50% 和 75%。

拉美生产部门的企业大部分是中小企业，从对 TIC 技术使用密度来看正处于技术引进和使用的第一或第二阶段。从产业角度看，TIC 技术得到较好使用的主要是工业部门、基础服务业与商业部门。处于第三阶段的企业比例可能较低，主要应该是大中型工业或高度专业化服务业企业。最后，拉美地区可能只有极低比例的企业处于在第四阶段，即企业对 TIC 技术深层次应用，着力对技术基础设施和高素质人力资源进行支持的阶段。这些企业可能是大型企业（尤其是跨国企业或国有集团企业），以及其他不同规模的一些工业或专业化服务业[6]领域的技术密集型企业。经常有一些不具备内部技术转化潜力的企业引进了复杂的技术，这种情况下企业会为自己带来组织结构方面的问题。

当一家企业采用的信息与通讯技术为其带来创新开发优势时，这家企业即进入了对 TIC 技术的深层次应用阶段

拉美中小企业数字化的新机遇

信息与通讯技术为人类生活的不同领域带来了革命性的变化，包括在企业发展中它作为重要的竞争力因素也发挥着越来越重要的作用。因其在促进通讯、优化管理流程、获取市场信息、打开资源分配与商业模式新渠道等方面的优势，拉美企业迅速接受并采用了这一技术，尤其是大型企业。对于拉美中小企业来说，互联网的使用作为传统商业广告的补充或替代品，为企业发展带来了新的机遇。电子商务的广泛应用成为中小企业拓展市场尤其是打开国家市场的有利工具。

当前拉美中小企业对 TIC 技术的低利用率与其对于企业经营中技术因素的重要性和益处不够了解有关，但更重要的仍然是中小企业的资金问题。例如，最早的一体化管理软件，如知识管理系统（KMS）及前文提及的企业资源计划系统（ERP）和客户关系管理系统（CRM）的开发与应用，相较于组织结构简单的中小企业，更适应和满足大型企业发展的实际需要。对中小企业而言，这些计算机硬件设备与软件程序的成本，尽管一直处于降低的趋势，但总体仍然偏高；此外，采用相关技术还要求在技术培训、应用和维护方面有进一步的投入。

近年来，在宽带技术急剧扩张的推动下，云计算技术的发展逐渐降低 TIC 的使用成本，可能为中小企业发展带来了新的机遇。云计算技术是指一种基于互联网的按需交付和使用的标准化、可动态配置化的信息服务，如计算、存储、应用软件、数据管理等，它主要是将不同地区的实体和虚拟计算资源（网络、服务器、软件等）[7]进行整合共享而实现的。这一全新模式由于其在网络访问、资源共享和需求自主化等方面的主要特征，可为用户带来诸多便利和益处。如由于其网络访问便捷化，只要有互联网接入条件，客户便可借助任意地点不同的终端设备实现对所需数据和软件的访问。

云计算因提供低成本、标准化、按需动态配置的便捷计算服务，如计算、存储、应用软件、数据管理以及不同的实体和虚拟计算资源（网络、服务器、软件等），从而为中小企业信息和通讯技术发展带来了新的机遇

云计算实现按需自主化计算服务，用户在接触到云系统为客户提供的应用服务目录后，可采用自助方式选择满足自身需求的服务项目和内容；云系统供应商可依据用户的多元化需求模式提供可扩展的信息和计算服务吸引大量用户，同时利用规模经济效应依靠用户群的壮大降低成本，从而提供更合理的技术服务价格。最终云计算由于用户与服务供应商很少交互，用户无需了解信息基础设施架构的相关细节便可享受服务，从而降低管理和系统与设备的维护成本。

云计算技术为市场带来的最大冲击是其低成本性，尤其对于中小企业[8]影响巨大。中小企业将借助这一技术以更低的成本享受准入市场，同时在应对市场周期性波动中获得更大的灵活性。据估测，拉美一些国家对Saas型CRM系统解决方案的使用，较常规应用软件可帮助企业节省20%～25%的成本，与此同时有50%[9]的企业正在将信息基础设施向云计算架构迁移。云计算对新企业的涌现影响则依据不同国家和行业有所不同，但在中小企业比重较大、吸收TIC新技术较快的国家，或在TIC技术投入相对稳定的行业（如贸易、批发和零售业绩和房地产行业）应当更具影响力。[10]

拉美国家中小企业比重较高，同时企业TIC技术水平普遍偏低。这些现状使得云计算技术在拉美地区具有广阔的前景，可以为拉美中小企业带来积极影响。然而这一新模式的采用也将受到该地区企业特点的制约，如云技术服务是否可以适应和满足本地需求，宽带的扩展及互联网接入质量的提升状况，当然其中最为重要的是企业对新技术的吸纳能力，这些因素共同构成了云计算技术落地并扎根本土的重要平台。

地区宽带接入

企业能否有效运用TIC技术促进生产效益的一个重要影响因素是宽带覆盖和接入质量问题。宽带技术促使社会和生产领域实现了互补性的协调发展。一项对拉美地区宽带接入状况及制约因素的分析显示：拉美地区居民或企业的宽带接入仍因一些制约因素，如接入速度、质量、电话普及率和价格问题而存在种种困难。[11]

其中最突出的问题是：

（1）规模经济效应：由于拉美地区居民购买力水平偏低及宽带消费成本偏高，该地区宽带推广无法通过大规模市场化获得发达国家同样的规模经济效应，因而宽带价格在绝对值或占人均收入值上高于发达国家水平。

（2）因特网国际接入成本高：拉美国家在英特网接入水平的较大差异反映出该地区宽带接入成本偏高。这是因为拉美因特网的国际接入主要是由美国供应商提供的。此外，由于拉美地区通讯水平较低，现有信息基础设施无法利用，从而加大了因特网的国际接入成本，这至少使宽带服务的终端成本价格提高了20% ~40%不等。

（3）区域网络连接状况不佳：拉美地区国家间网络连接少、状况差，区域内互联网使用价格昂贵，质量不佳。这主要因为拉美区域内，国际网络连接主要依靠该地区现有的双线远距离传输线路，因此信息从一国传输到另一国，一般需绕经美国。在同一国内，从一台服务器访问另一服务器内容，信息均需要经过境外互联网服务提供商（ISP）的信息节点。因此如果区域内信息网络建设能够得到较大提升，也将有可能通过规模经济效应的方式，实现拉美地区国家间网络互连状况的改善。

依据国际电信联盟，拉美国家宽带覆盖和使用水平远远低于其他更发达国家和地区。这表明拉美地区使用宽带并从中获得相应技术优势是少数人群[12]能够获得的服务。宽带技术发展的经济效益体现在规模市场的回报上：即宽带市场覆盖率越高，则经济效益越高。宽带用户数量必须扩大到一定数量，才能实现收益的最大化。因此，拉美国家不论与其他发达国家相比，还是拉美国家内部在宽带接入方面的差距（以绝对水平或相对居民平均收入水平计算）（见图4.5）都表明该地区面临着种种制约因素。在企

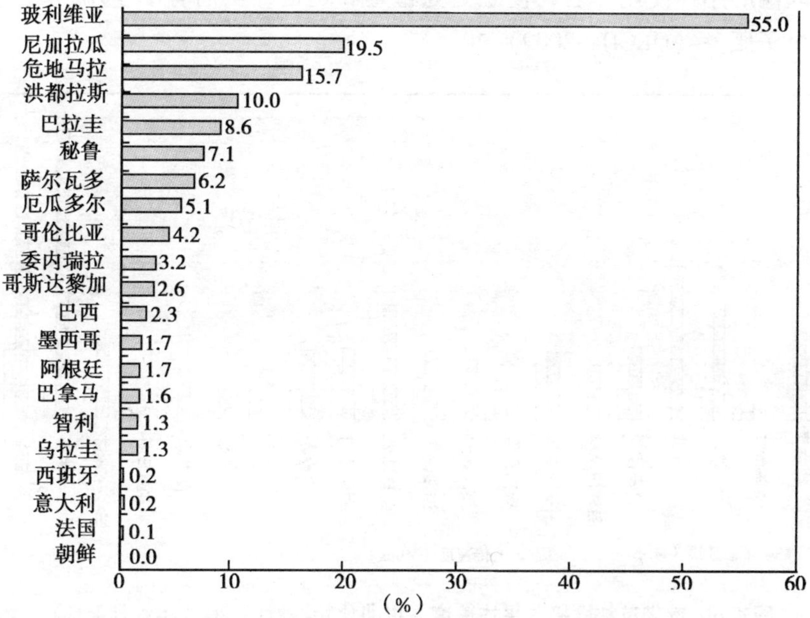

图4.5　固定宽带接入价格（以兆比特/秒计）占人均GDP比重（2012年2月）

资料来源：区域宽带观察（OBRA），CEPAL。

统计链接：http：//dx. doi. org/10. 1787/888932719352.

业界，尤其中小企业面临资金问题，因此信息技术的成本仍然是决定采用或不采用某项技术的关键因素。

拉美国家宽带覆盖和使用水平远远低于其他更发达国家和地区。这表明拉美地区使用宽带并从中获得相应技术优势是有限的部分人群才能够获得的服务

网络连接质量也对拉美地区宽带使用造成制约。传统对网络连接质量的衡量指标是连接速度。连接速度十分重要是由于许多的应用软件在低速连接状况下无法运行，譬如高级的应用软件通常都是如此。这些软件一般对即时性（如即时通讯软件）和互动性有较高要求，并且采用一些基于视

频的多媒体格式工具。因此运行这些软件时，保证服务的连续性就需要网络连接有较高的质量。尽管有时并不对速度有特别的要求，宽带仍然提高了互联网的用户使用体验，使之更为稳定和迅捷，从而有助于用户方便地使用电子服务（OECD，2009）。

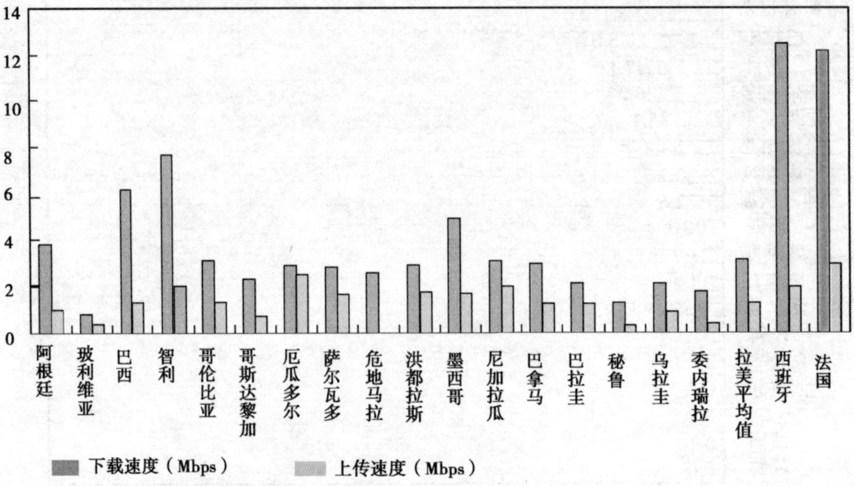

图4.6 宽带英特网接入平均速度（以兆比特/秒计，2012年4月1日）

注：Mbps：兆比特/秒。

资料来源：区域宽带观察（OBRA），依据Ookala信息（www. netindex. com/download/）。

统计链接：http：//dx. doi. org/10. 787/888932719371.

可见，拉美地区加强网络基础设施建设，提高因特网接入条件和网络服务质量的导向性政策和战略仍有较大的提升空间。如果前述的一些问题无法解决，拉美地区的宽带使用将继续局限于小部分人群，TIC的技术优势将无法得到充分发挥。这些问题还很有可能继续在不同产业间，尤其在大规模及中小规模企业间带来更大的影响，在总体上扩大技术使用差距。

以连接速度来衡量，拉美地区宽带质量低于发达国家水平

结论和建议：制度与技术创新和扩散政策

在拉丁美洲，科技创新正受到越来越多的企业家和公共政策制定者的关注，拉美各国政府均将其视为一项重要议题。然而在具体实践方面，政府却并未积极开展推动技术改进和科技创新发展的相关活动。相反企业界极富创造力的应对显示出了其在创新发展中的主体地位。企业创新活动并非是完全的自发行为，其内部实力与外在环境因素均发挥着重要的影响力。其中机构、法律规范及公共政策在支持或禁止相关活动中发挥着重要的作用。因此，我们看待政府公共政策的干预，一般从对弱势行业的支持开始，促进其对科技成果的利用，加强企业与其他机构间合作。企业通过开展创新活动创造高附加值产业，由于试验结构的高不确定性、高风险以及试验期限不可预知，这是一项不断试验并充满失败经验的进程。因此推动制定高效集中且具有长效机制的公共扶持政策、加强公共与私营部门和科研中心的联系与合作是十分关键的。这将有利于发挥多部门协同效应和互补性，产生规模经济效应和知识渗透效应。

总体来说，拉美国家科技与创新国家计划中均明确提及中小企业发展问题，然而在相关扶持措施和工具方面仍然十分匮乏，不利于其克服技术创新劣势。此外体制性的问题则更为复杂，它是指创新活动中不同实体的相互关联，其中最重要的是公共与私营部门之间的关系。拉美地区科技创新体制中一个重要的特点是，缺乏面向中小企业的科技创新培育和资助机制（Ferraro, 2011）。在拉美一些国家，该目标由创新发展促进机构来承担，如巴西科学研究与发展项目署（FINEP）、乌拉圭研究与创新国家机构（ANII）；而在另一些国家该目标由生产发展促进机构来承担，如智利生产服务公司（CORFO）。拉美地区政府组织结构中，负责支持和促进中小企业及创新发展的部门处于弱势地位，缺乏资源开展相应的项目。此外，部分融资来源于外部国际合作，这对政策的连续性和长效性构成一定风险。其他问题还包括：可利用人力资源匮乏，培训系统能力不足；不同政府当期政策不具有持续性，从而缺乏真正有效的公共政策支持（Ferraro, Stumpo, 2010）。

尽管拉美有些国家，如巴西与乌拉圭，在科技和创新政策公共预算开支方面有所上升，但面向中小企业的专项资助，尽管较难量化计算，也并未带来比较明显的变化（Dini, Stumpo, 2011）。

拉美国家促进中小企业科技创新政策，主要可归结为直接或间接推动创新实践的政策工具，重点关注创新需求和供给，以及创新活动中各主体的关联。总体来说，这些政策和工具对更小规模企业既没有歧视，也没有特别的关注支持。

在促进了解和利用TIC相关政策方面，从2000~2010年中期开始，尽管26国中仅有11个国家将TIC和产业发展以非核心要素的形式纳入战略发展主线中，但拉美大部分国家仍先后制订了独立的数字化发展议程。总体来看，拉美国家数字化战略高度重视TIC技术，并将其作为促进社会融合、提高居民生活质量的重要手段；而关于TIC技术应用对提高生产率、促进经济增长可能发挥的作用却较少提及。拉美国家还推出了一些项目尝试将TIC引进生产领域，尤其是中小企业。两年前，一些促进中小企业发展数字化技术的项目开始运行，使中小企业同时成为TIC技术的需求者和供给者。这也意味着拉美国家信息化建设政策选择取得了新的进展，正迈向整体视角下利用和发展信息与通讯技术的新阶段。

从2000~2010年中期开始，尽管26国中仅有11个国家将TIC和产业发展以非核心要素的形式纳入战略发展主线中，但是，拉美大部分国家仍先后制订了独立的数字化发展议程

中小企业在技术创新中既具有共性，如大多面临科技引进率低和创新动力不足的问题，同时彼此之间也有差异。近年来，拉美地区促进技术创新的公共政策并非是强有力的，也没有明显减轻企业技术创新难题。如组织结构差距依旧存在，与大型企业相比，中小企业的生产率并未得到提高，在整体生产领域组织中活跃度不够。然而，在设计和实施CTI政策以促进经济长期增长、消除现有差距方面，拉美企业已经取得了共识。

为达成这一目标，将公共政策更集中于缩小企业因规模不同而造成的差距是十分必要的。因此，政策的设计应当建立在充分考虑对中小企业科技创新活动面临的制约和准入壁垒，关注科技创新活动的自身特点，如高沉没成本和高风险的基础上。中小企业在以上这些方面的问题都需亟待解决（Dini，Stumpo，2011）。同样，政策设计应当关注的问题还有，优秀人力资源匮乏，融资渠道少，难以进入国际市场，以及政府促进技术创新项目利用不足，等等。此外，加强国家创新体系（SNI）建设，促进企业与其他创新活动主体的联系，加强科研与生产部门的互动合作，提升企业科技水平也同样重要，这将有利于产生新的商业机会，提高企业竞争力和创造更多高质量的就业。

专栏 4.4　利用 TIC 技术提高中小企业竞争力的新项目

尽管拉美一些国家引进利用信息与通讯技术（TIC）在优化生产战略方面取得了一些进步，但总体看来，拉美仍然欠缺整体性的技术政策考虑。以下是拉美支持技术创新发展的若干项目。我们可以看到，这些项目已将重心转向生产领域，通过制定新战略寻求更大的经营效益。

巴西与乌拉圭两国都将项目重心放在 TIC 技术需求与供给一体化方面，旨在为中小企业技术创新发展提供具体的解决方案，提升企业竞争力，促使创建基于 TIC 信息技术解决方案的专门市场。

巴西的“促进小微企业利用信息技术计划”（PROIMPE）所倡导的主要概念是打通企业对 TIC 技术的需求与供给，着力关注对象为小微企业及中型企业。该计划主要宗旨是促进企业数字化建设，帮助使用和发展 TIC 技术的小微企业提高竞争力，鼓励应用软件的生产。

表 4.5　促进企业引进 TIC 技术的新项目：技术需求与技术供给融合

国家	项目	机构	宗旨
巴西	促进小微企业利用信息技术计划（PROIMPE）	国家经济与社会发展银行（BNDES）	通过促进企业数字化建设，发展面向中小企业 TIC 技术解决方案市场，推动提高中小企业竞争力
萨尔瓦多	小微型企业数字化运营提升项目	小微企业国家委员会（CONAMYPE）	通过 TIC 技术专业人员培训项目为萨尔瓦多手工业的行业管理和业务运营提供信息化支持工具
乌拉圭	“飞行员计划”（促进企业使用和发展 TIC 技术加快现代化进程，推动技术发展）	工业、能源和矿业部（MIEM）	明确分行业技术解决方案，打通技术需求与供给企业，促进产业价值链引进使用 TIC 技术

同样，打通融资和资本化机制，引导购买TIC技术解决方案，这些对于使用和发展TIC技术的小微企业也是十分重要的。

乌拉圭工业、能源和矿业部（MIEM）通过推动“三方咨询”机制，在其按行业细分实行干预的战略框架下实施技术支援，其总体目标是支持乌拉圭国家工业发展方针（DNI）。依据该发展方针，乌拉圭将实施相关项目，引导企业使用和发展TIC技术，借助信息化的现代化工具提高企业生产率。目前乌拉圭正在进行并强化其产业发展的机制建设，纳入该机制的实体有培育和促进生产发展的公共部门、私营部门的相关行业协会和TIC技术企业。

在数字化培训项目方面，萨尔瓦多近期开展的项目值得关注。该项目宗旨与巴西和乌拉圭的类似项目有所不同。萨尔瓦多小微企业国家委员会（CONAMYPE）正在开展一项针对专业技术人员的培训，旨在提高他们的技术能力，从而协助萨尔瓦多手工业小微企业提高数字化运营水平。目前着重处理的问题有：技术评估界面设计，手工业行业小微企业TIC技术应用，在线市场营销，社会网络在企业界的应用，手工业行业技术趋势，发展电子商务。

资料来源：个人调查研究结果。

尽管拉美国家重视科技创新，将其视为重要政策议题，并在创新机制方面迈向更坚实的建设期，但是，挑战依然存在。为了更好地应对挑战，各种相关努力都有必要转化为具体的行动（OECD/CEPAL, 2011）。拉美国家政府应着力推出相应政策工具、加大项目信息公开度，促进企业尤其是中小企业的科技创新发展。依据拉美若干国家创新发展调查，拉美企业家认为对公共政策工具缺乏了解是阻碍发展其创新实践的重要因素之一。中小企业在这方面的了解更少，问题也愈加突出。

拉美国家须出台公共政策促进中小企业创新发展，同时将微型企业纳入考虑范畴。如政府无法推出适合中小企业创新发展的公共项目或项目无法超越既有项目，中小企业与大规模企业的差距就将进一步拉大

在企业创新机制中，加强沟通协调及扩大企业与机制中其他主体的合作十分必要。此外，因公共政策很少考虑中小规模企业，且微型企业基本被排除在机制结构与考量之外，适用于小型企业的政策调整空间依然存在。总体来说，促进企业创新发展的计划仿佛更像是为高活跃度企业所设计的，这些企业更善于利用相关项目或政策工具；而占企业总量相当比例的低活跃度中小企业则缺乏合适的项目支持。这些都使其与大规模企业的差距进一步扩大。因此促进创新的公共政策设计和使用应当充分考虑小规模、低活跃度企业特点，这样才能真正促进小规模企业参与技术创新，提高生产率（Dini，Stumpo，2011）。

要获得科学合理的公共政策设计，以促进企业尤其是中小企业破除壁垒，实现科技创新、引进和有效利用，企业须在不同的方向上同时付出努力，其中包括：企业经营环境的改善，技术相关因素与企业自身特点。

基础设施。一些重要的基础设施仍存在低覆盖率、成本偏高和服务质量不佳的问题。将中小企业纳入其中的整体创新战略要求建立公共研究中心和质量实验室，与企业经营展开合作。在TIC领域中，一个突出的例子是企业通过接入高质量的宽带互联网从而得以方便地使用各种基于相同技术基础的应用程序。需要注意的是，应当采取适当调节措施加强基础设施供应商间的竞争以及差异化定价策略，以改善对图书馆、专业研究中心、互联网或其他信息工具的使用。

人力资源培训。企业引进和利用新技术对于创新至关重要。创新应当在拉美国家企业战略中占据更重要的位置，以提升企业业绩。除了国家整体教育规划发展外，与企业发展生产过程、管理及商业能力相关的人力资源培训项目也十分重要。

专门项目。中小企业由于在利用政府促进创新发展项目方面处于劣势，因此，相关项目应加大对中小企业关注力度，并采取鼓励措施加强企业引进使用TIC技术，以提高企业运营水平。

其他非直接工具。其他促进企业技术创新发展和扩散的方法还有一些非直接工具，如通过优化企业运营环境，加强其与创新体系中其他主体的合作，促进企业创新发展。这些工具可以适度向某些行业倾斜，例如提高资产和服务质量推动出口。此外高质量基础设施服务的扩大使用也将有利于提高创新能力，开拓新的市场和保护消费者以及提高福利都属于这类工具（Goethner，Rovira，2011）。

信息系统。以上政策的制定和专门工具的设计都需要大量的智力支持，以使其实际应用符合各国行业和企业的具体特点，满足企业实际需求。因此建立一个跟踪创新行为和企业引进使用新技术情况的信息系统，对于完善相关政策和工具的设计与应用十分有利，目前针对拉美地区调查中的问题（难度大，信息披露缺乏连续性，数据覆盖面、代表性及可比性不足）也将得到解决。此外，该信息系统还可以建立一些关键指标，以反映企业创新发展过程中最具复杂性的若干方面，如生产领域技术利用与传播以及新技术对企业经营的影响等情况。

总体来说，拉丁美洲亟须制定公共产业政策以促进新部门与新技术的发展，加强公共部门与私营部门的联系与合作，提高科技创新在质与量上的投入，培育和营造更有利于创新发展的企业环境，加大融资支持力度以降低创新活动的风险性，促进企业人力资源培训。

公共政策的制定实施应当设定不同的层次目标，在帮助实现生产全面现代化的同时，集中关注中小型企业的发展；另一方面，公共政策制定也需要满足来自大型企业和最发达产业部门的苛刻要求。这样一条现实道路的选择提高拉美的产业包容性，降低组织结构的异质性，促进提高企业生产率。

附　件

尽管无法全面反映拉美的现实情况，以下图表可以帮助了解拉美若干国家的具体问题。当前拉美支持中小企业技术创新与发展的工具和项目仍然十分匮乏，尤其是直接性的支持措施。在拉美地区实现生产领域的现代化进程中，应当对上述因素予以特别的重视。

附表 4. A1.　拉美国家促进中小企业创新发展的政策

国家	机构	机构隶属	机构性质	促进中小企业创新发展的项目或基金宗旨							方式	资助形式
				供给	需求					联系/合作/融合		
				人力资源		设备	企业生产率及竞争力提高	技术转移	研发 1 + D	联系/合作/融合		
阿根廷	国家科学技术发展署	科学技术与创新生产部（MINCyT）	CTI 促进机构				国家技术基金（FONTAR）行业基金（FONARSEC）				直接	信贷、财政刺激和补贴
	国家科学技术研究理事会（CONICEI 通过技术联系发展规划）	MINCyT	CTI 促进机构	提供奖学金和研究人员					研究人员	评估、咨询机构与协议	直接和非直接	信贷和补贴
	国家农渔科技署（INTA）	农业、渔业及畜牧业部	农业及渔业创新促进机构					技术转让协议	技术研发协议	通过专项技术援助协议达成的科技联合协议	直接	信贷和补贴
	国家产业技术局（INTI）	工业部	部委	人力资源培养和培训						技术服务和技术援助	非直接	补贴
	中小企业与地区发展司（SEPYME）	工业部	中小企业促进机构	中小企业专家							直接和非直接	信贷和补贴

续表

国家	机构	机构隶属	机构性质	促进中小企业创新发展的项目或基金宗旨							方式	资助形式
				供给	需求					联系/合作/融合		
				人力资源		设备	企业生产率及竞争力提高	技术转移	研发1+D	联系/合作/融合		
巴西*	科学研究项目基金（FINEP）	CTI部	发展促进实体		项目和经济补贴 PAISS****		"创新巴西"项目和经济补贴		"创新巴西"项目	"创新巴西"项目		信贷和补贴
	国家经济与社会发展银行（BNDES）		国家发展银行			国家经济与社会银行卡						信贷
	科学技术与创新生产部（CTI）	CTI部	部委	面向创新的人力资源培训	国家科技系统SIBRA-TEC*****		国家科技系统SI-BRATEC		SIBRATEC研发创新项目财政支持 1+D+1	国家创新系统，创新支持项目	直接和非直接	信贷和补贴
智利	生产促进公司（CORFO）	经济部	生产促进机构	创新经营管理	企业高新技术创新项目 Innova Chile	生产促进公司 CORFO 小微企业信贷	"创新智利"项目 Innova Chile	技术扩散项目		创新网络节点，对技术协会的过渡性基础财政支持	直接和非直接	信贷，财政刺激和补贴
	国家科学技术研发委员会（CONICYT）	教育部	CTI促进机构				科技发展促进基金（FONDEF）				直接	补贴
	农业创新基金会（FIA）	农业、渔业与畜牧业部	农业食品与林业部创新促进机构		国家创新计划					咨询机构	直接和非直接	信贷和补贴
	BíO BíO 创新计划				企业创新	中小企业技术设备		技术转移中心		咨询机构及技术团队	直接和非直接	信贷和补贴

续表

国家	机构	机构隶属	机构性质	促进中小企业创新发展的项目或基金宗旨							方式	资助形式
				供给	需求					联系/合作/融合		
				人力资源		设备	企业生产率及竞争力提高	技术转移	研发 1+D	联系/合作/融合		
哥伦比亚	小微型及中型企业现代化和创新基金（FOMIPYME）	贸易、工业和旅游部	部委		中小企业创新促进计划***		中小企业创新促进计划***			创新奖项	直接和非直接	补贴
墨西哥*	国家科技理事会（CONACYT）	教育部	CTI 促进机构		中小企业创新计划**		PYMES 创新计划**科技创新计划**及基金			中小企业创新计划、创新支持计划**	直接	补贴
乌拉圭	国家研究与创新署（AMII）	内阁创新部（GMI）	创新促进机构	企业优良人力资源	创新（高覆盖项目，高影响力项目，有发展潜力的样板项目）计划		认证与新出口市场项目			科技需求刺激及企业内专家项目，供应商发展计划	直接	补贴
	中小企业国家手工业发展规划（DNAPYME）	工业、能源和矿业部（MIEM）	中小企业发展促进机构	人力资源培养和培训计划							非直接	补贴

注：FONTAR 与 FONARSE 为两个基金。

*：这些基金和项目为国家级而非联邦政府级。

**：它们是创新刺激计划的三种方式。

***：INNpulsa mipvmes 为创新与现代化基金的替代项目，由 BANCOLODEX 负责运作。

****：糖能量与糖化学产业的创新支持项目。为 FINEP-BNDES 联合项目。

*****：巴西技术系统。为 FINEP-MCTI 联合项目。

资料来源：依据以上各机构官方数据及 Dini，Stumpo（2011），Fenano，stimpo（2010）由作者制定。

【注 释】

[1]“小世界网络”是指一种特殊的复杂网络结构，在这种网络中大部分的节点彼此并不相连，但绝大部分节点之间经过少数几步就可到达（Albert-László Barabási，2003）。

[2] Myrdal于1957年提出的累积效应理论。该理论认为区域经济增长是一个不均衡的过程，一国（地区）的某一地区由于先期的发展而形成一个中心，在带动周围地区的经济增长前，将周边区域的人才、资金、技术从落后地区吸收过来引起周边地区经济的衰落。而邻近地区的经济增长又反过来进一步促进中心地区经济的发展，从而形成了一个循环累积过程。该理论可以用以解释区域间人均产出自然形成分化的现象。这一效应在小型企业是十分值得忧心的经营问题之一。

[3] 熊比特效应，与一些生产效率随知识技术扩散而快速提高的行业出现有关，这些行业一般均引领着技术创新和进步。该效应正是指随着企业创新成果在不同行业中的扩散，大幅度提高行业生产效率。凯恩斯效应则是指通过干预在需求（内部或外部）增长的带动下使经济保持增长，从而带来生产的扩张，创造更多就业等积极影响。

[4] 依据巴西地理统计局（IBGE），智利国家统计局（INE）的相关数据，在基础信息通讯技术使用方面，农业部门明显落户，尤其是中小企业。

[5] 当信息通讯技术（TIC）使得技术创新过程可以通过虚拟模仿进行，从而降低试验带来的高成本和高风险，同时也要求开发大量应用软件，进而刺激了创新的发展。

[6] 这一分析还应结合考虑技术投入使用的方式，这与企业内部实力紧密相关。

[7] 云计算技术带来的最剧烈改变在于，信息资源分配从被动分配转为自助式的按需配置。随之而来的一个改变是，信息技术的使用成本从固定的投入转变为动态配置中的可调节、可操作性。

[8] Mc Kinsey y Co,（2011）Winning in the SMB cloud：carting a path to success，Zoe Dianadi，Abhijit Bora，Darren Pleasance y Ashish Vora.

[9] León Omar（2012），“Situación actual，análisis crítico y propuesta para la expansión de handa ancha regional”，Santiago de Chile，Comisión Económica para América Latina y el Caribe（CEPAL），inédito.

[10] 据Katz（2012）的一项研究显示，宽带技术的利润是依据宽带服务覆盖规模而增加的。

[11] 玻利维亚、智利、哥伦比亚、厄瓜多尔、危地马拉、墨西哥、秘鲁、多米尼加共和国、特立尼达和多巴哥及乌拉圭。

[12] 欧盟国家与东南亚联盟国家（ASEAN）间的差距显著。例如西班牙数字化计划（一期和二期）有以下两个重要特点：首先，四个模块相互连通进而一体化，构成网络

主干，它们是：数字化生活、数字化经济、数字化基础设施和数字化服务项目；其次，将数字化经济（生产）项目放在极其重要的优先（主要指在预算方面予以保障）地位，数字化基础设施紧随其后。

【参考文献】

[1] Agencia- Nacional de Investigación e Innovación (2008a), "III Encuesta de actividades de innovación en la industria uruguaya (2004 ~ 2006), principales resultados", Colección Indicadores y Estudios No. 1, disponible en: www. anii. org. uy/indicadores_ de_ CTI. htm

[2] ANII (2008b), "I Encuesta de actividades de innovación en servicio, Uruguay (2004 ~ 2006)", principales resultados, Colección Indicadores y Estudios No. 2.

[3] Barletta, J. , V. Roberts y G. Yoguel (2011), La conducta innovativa de las pymes industriales y de servicios argentinas, inédito.

[4] Breard, G. y G. Yoguel (2011), "Patrones de incorporación de TIC en el tejido empresarial argentino: factores determinantes ", pp. 207 ~ 237 en M. Novick y S. Rotondo (compiladores), El desafío de las TIC en Argentina. Crear capacidades para la generación de empleo, CEPAL y Ministerio de Trabajo, Empleo y Seguridad Social (Argentina), Naciones Unidas, Santiago.

[5] CEPAL (Comisión Económica para América Latina y el Caribe) (2010), La hora de la igualdad. Brechas porcerrar, caminos por abrir, Naciones Unidas, Santiago.

[6] CEPAL (2012), Cambio estructural para la igualdad. Una visión integrada del desarrollo. Trigésimo cuarto período desesiones, Naciones Unidas, Santiago.

[7] CEPAL/SEGIB (2008), Espacios Iberoamericanos: la economía del conocimiento, CEPAL, Secretaría General Iberoamericana (SEGIB), Naciones Unidas, Santiago.

[8] CEPAL/SEGIB (2010), Espacios Iberoamericanos: vínculos entre univer-

sidades y empresas para el desarrollo tecnológico, CEPAL, Secretaría General Iberoamericana (SEGIB), Naciones Unidas, Santiago.

[9] Cimoli, M., G. Porcile y S. Rovira (2010), "Structural change and the BOP-constraint: why did Latin America Fail to Converge?", en Cambridge Journal of Economics, Oxford University Press, Vol. 34 (2), pp. 389 ~ 411.

[10] Cimoli, M., A. Primi y S. Rovira (2011), National Innovation Surveys in Latin America: Empirical Evidence and PolicyImplications, CEPAL, International Development Research Centre (IDRC), Naciones Unidas, Santiago.

[11] Crespi, G. y P. Ziga (2010), "Innovation and Productivity: Evidence from Six Latin American Countries", SerieDocumentos de Trabajo, IDB No. IDB-WP-218, Banco Interamericano de Desarrollo (BID), Washington, DC.

[12] Dini, M. y G. Stumpo (2011), Políticas para la innovación en las pequeñas y medianas empresas en América Latina, Naciones Unidas, CEPAL, Santiago.

[13] Dosi, G. y M. Cimoli (1994), "De los paradigmas tecnológicos a los sistemas nacionales de producción e innovación", en Comercio Exterior, Vol. 44, No. 22.

[14] Ferraro, C. (compilador) (2011), Apoyando a las pymes: políticas de fomento en AméricaLatina y el Caribe, Naciones Unidas, CEPAL, Agencia Españala de Cooperación Internacional para el Desarrollo (AECID), Santiago.

[15] Ferraro, C. y G. Stumpo (compiladores) (2010), Políticas de apoyo a las pymes en América Latina. Entre avances innovadores y desafíos institucionales, CEPAL/Cooperazione Italiana, Libros de la CEPAL 107, Santiago.

[16] Goether, K. C. y S. Rovira (compiladores) (2011), Impacto de la Infraestructura de la calidad en América Latina: instituciones, prácticas y desafíos para las políticas públicas, CEPAL, Deutsche Gesellschaft für In-

ternationale Zusammenarbeit (GIZ), Ministerio Federal de Cooperación Económica y Desarrollo (BMZ), Naciones Unidas, Santiago.

[17] Gutiérrez, L. (2011), "Innovación y sus determinantes en la pequeña y mediana empresa: el sectormanufacturero colombiano", inédito.

[18] IBGE (Instituto Brasileño de Geografía y Estadística) (2010), Pesquisa de Inovación Tecnológica 2008, BGE, disponible en: www. pintec. ibge, gov. br/ ownloads/PUBLICACAO/Publicacao% 20PINTEC% 202008. pdf.

[19] INDEC/SECYT/Grupo Redes (2006), Encuesta nacional a empresas sobre innovación, I + D y TICs (2002 ~2004): análisis de sus resultados.

[20] Katz, R. (2009), "Políticas de desarrollo de banda ancha y su impacto económico: América Latina en elcontexto internacional", Santiago de Chile, Comisión Económica para América Latina y el Caribe (CEPAL), inédito.

[21] Katz, R. (2012), "The Impact of Broadband on the Economy: Research to date and Policy Issues", The Impact of Broadband on the Economy Broadband Series, International telecommunication Union, Ginebra.

[22] Kotelnikov, V. (2007), "Small and Medium Enterprises and ICT", Programa de las Naciones Unidas para el Desarrollo (PNUD), Asia-Pacific Development Information Programme (APDIP), Asian and Pacific

[23] Training Centre for Information and Communication Technology for Development, Bangkok. León, O. de (2012), "Situación actual, análisis crítico y propuesta para la expansión de la banda ancha regional", inédito, CEPAL, Santiago.

[24] Lundvall, B. (1992), National Systems of Innovation: Towards a Theory of Innovation and Interactive Learning, Pinter Publishers, Londres.

[25] Ministerio de Economía (2009), Informe quinta encuesta de innovación tecnológica, Chile, Ministerio de Economía, Santiago.

[26] Ministerio de Economía (2012), Séptima Encuesta Nacional de Innovación, Chile, Ministerio de Economía, Santiago.

[27] Myrdal, G. (1957), Economic Theory and Underdeveloped Regions, University Paperbacks, Methuen.

[28] Nelson, R. (1993), National Innovation Systems. A Comparative Analysis, Oxford University Press, Oxford.

[29] OCDE (2009), Innovation in firms, A Microeconomic Perspective, OCDE Innovation Strategy, París.

[30] OCDE/CEPAL (2011), Perspectivas económicas para América Latina 2012: Transformación del Estado para el desarrollo, OCDE, París.

[31] Peirano, F. y D. Suárez (2006a), "TICS y empresas: propuestas conceptuales para la generación de indicadores para la sociedad de la información", Journal of Informations Systems and Technology Management, Vol. 3, No. 2, pp. 123 ~ 142.

[32] Peirano, F. y D. Suárez (2006b), "La incorporación de las TIC' s por parte de las Pymes: estilización de estrategias empresariales", capítulo V en J. Borrello, V. Roberts y C. Yoguel, Para pensar la informática en la Argentina; desafíos a la especialización y la competitividad, Universidad Nacional de General Sarmiento y Prometeo.

[33] Rivas. D. y G. Stumpo (2011), "Las TIC en el tejido productivo de América Latina", pp. 43 ~ 77. en M. Novick y S. Rotondo (compiladores), El desafío de las TIC en Argentina. Crear capacidades para la generación de empleo, CEPAL y Ministerio de Trabajo, Empleo y Seguridad Social (Argentina), Naciones Unidas, Santiago.

第五章　中小企业的人力资本和能力

近年来，虽然拉美国家在教育和培训方面取得了较大进展，但挑战依然存在。要应对这些挑战，需要的不仅是反思而且是新的公共政策。劳动者以及企业家的正规教育水平较低、中途辍学以及教育质量低下等构成拉美中小企业提高劳动生产率的一大障碍。因此，技术教育和职业培训至关重要。迄今为止，拉美地区应对挑战的方式是通过实施各种计划来刺激中小企业职业技术教育和培训需求。然而，在强化教育体制方面，拉美地区还应当采取公共行动，在如下方面需要制定和实施相关政策：改善教育体制和劳动力市场的衔接关系、推动将教室与就业岗位联系起来的培训教程、在现有培训课程中添加新的技能、开发技能认证范式以及构建促进中小企业合作的制度框架等。

导　言

如前所述，制约拉美中小企业提高劳动生产率的因素很多。相关研究文献认为，理解劳动生产率的一个关键性视角是要看到经济与生产部门的人力资本和能力建设之间存在密切联系。因此，要解释中小企业劳动生产率低下就必须联系拉美地区在教育和培训方面所面临的巨大挑战。

一方面，近年来拉美地区的教育取得了重大进展，但与世界其他地区相比，无论是入学率、教育覆盖率还是在校学习时间等方面都存在巨大差距。这一差距表现为劳动力教育水平远远低于发达国家、辍学率高——年轻人在未受到足够正规教育的情况下过早进入劳动力市场。

拉美中小企业面临的问题包括人力资本质量不高、数量不足、技能不够。这些问题制约着中小企业提高劳动生产率并威胁着它们的发展

另一方面是教育质量问题。所谓的教育质量，是指教育体系能否向青年人传授必要的新知识、新技能，使之能够进入劳动力市场并居于有利地位。在这方面，拉美地区与其他地区之间的差距令人担忧，具体反映在《国际学生评估计划报告》（PISA）中。

有关人力资本和劳动力市场的研究都不约而同地指向另一个理解中小企业劳动生产率低下的因素，这就是教育体系所提供的教育生产部门所需要的技能之间存在差距。拉美地区很多中小企业表示，很难招聘到具有适当技能的劳动者。因此，可以认为拉美地区存在一个“技能鸿沟”，阻碍着中小企业劳动生产率的提高。

这一现象的表象众多，体现了拉美中小企业的非均质性。企业的规模、地理位置、所属行业不同，每个企业要求的技能也不尽相同，这些企业都或多或少地感到难以招募到相关人才。

可以预期，拉美教育体系提供的教育和生产部门所需要的技能之间的错配还在继续加剧。经济全球化的一大特征是技术变革加速、生产原动力向以知识为核心的模式转化。这就要求人力资本的技能（技术）培养要日益加强，这些技能与技术以及非认知性的学习密切相关。在这方面，拉美地区的教育体系迄今未能够交出令人满意的答卷。

总之，拉美中小企业面临的问题涉及人力资本的数量和质量以及拉美地区的技能和能力，这些问题制约着中小企业劳动生产率的提高。这是拉美地区所面临的严峻挑战。要提高经济潜在增长水平，提升拉美地区在全球经济中的竞争力和创新能力，改善就业，向全社会提供更多的机会，拉美地区必须加强中小企业能力建设，提升中小企业活力。为此，有必要反思公共政策在应对这一挑战方面的作用。

本章就上述问题展开分析，结构安排如下：第一节分析拉美地区中小企业所面临的人才培养方面的挑战，考察不同类型中小企业所面临的不同问题，从而探讨公共政策怎样支持这些中小企业克服困难；第二节对拉美地区技术教育和职业培训体系进行了梳理，从技术教育和职业培训体系是联系教育体系和公共部门主要机制的角度，总结历史教训，提出未来挑战；第三节即本章的最后一节，提供一系列公共政策建议。

中小企业面临的人才培养挑战

拉美地区人才培养方面的落后状况及其对劳动力的影响

近年来，拉美各国政府努力促进教育发展，在教育可获性、覆盖面等方面取得进展，在提升从业人员入学教育年限方面的成就更为显著。2000～2010 年，达到初中毕业水平的就业人口比例提升了 8.2%，达到高中刚毕业水平的就业人口比率提升了 2.4%（见表 5.1）。

近年来虽然拉美各国在劳动人口培养方面取得了较大进展，但劳动人口文化水平仍旧偏低。当前，拉美 46.6% 的劳动人口达到初中毕业水平，12% 达到高中毕业水平，OECD 国家的这两项指标分别为 54.9% 和 23.8%

和其他地区相比，拉美地区的差距依旧很大。如前所述，拉美 46.6% 的劳动人口达到初中毕业水平，12% 达到高中毕业水平，OECD 国家的这两项指标分别为 54.9% 和 23.8%（见表 5.1）。

表 5.1　世界各地区以及 OECD 国家劳动年龄人口的最高教育水平

（单位:%，变化率为百分比变化率）

拉丁美洲			OECD		亚太地区		中亚	
15 岁以上人口	2010 年	2000～2010 年变化率	2010 年	2000～2010 年变化率	2010 年	2000～2010 年变化率	2010 年	2000～2010 年变化率
初级教育	33.1	-7.1	18.4	-6.7	32.7	-4.2	13.5	-4.6
中等教育	46.6	8.2	54.9	3.6	42.9	2.9	67.1	1.9
高中教育	12.0	2.4	23.8	4.3	14.1	4.2	18.2	3.7

来源：Barro y Lee（2010）数据库。

企业规模越小似乎受人力资本教育水平局限性的影响越大。国际劳工组织的研究表明，虽然存在国别差异，但总体而言，拉美中小微企业75.9%的雇员都未完成初中教育。其中，阿根廷的这一比例为57%，智利（不包括中型企业）为51%，墨西哥是38%，秘鲁为40%（Tuero y otros，2009）。此外，低学历劳动者通常从事非职业性的个体劳动，他们当中以女性和农村人口居多。拉美地区另外一个突出现象是中途辍学严重。辍学对从业人员整体学历水平影响严重。近年来，拉美国家在改善辍学现象方面有所成就，但2009年的统计数字显示，在15~19岁的年轻人当中，辍学率仍高达29%，小升初的辍学率更高，接近适龄人口的一半[1]。这一现象说明两个问题：其一，拉美相当数量的年轻人在没有达到可就业的必要条件，即没有获得必要的知识和技能时就草草就业，从而难以走出一个令人满意的职业轨迹；其二，导致辍学的一大原因是维持生计。因此，这些低学历的年轻人难以进入劳动力市场，他们通常在小微企业占绝大多数的非正规部门谋求低报酬的职位。

阿根廷未完成中等教育的劳动者比例为57%，智利（不包括中型企业）为51%，墨西哥为38%，秘鲁是40%

要了解拉美中小企业人才培养的全貌，还必须关注企业家的能力问题。总体而言，拉美地区中小企业的经营和领导能力不足。许多中小企业的管理层缺乏领导企业发展、吸纳新技术、改革创新和拓展新领域、新市场的能力，企业因此难以提高劳动生产率。

上述问题说明，拉美国家的教育差距有待缩小，但近年来拉美国家在入学和降低辍学率方面已取得了重要进展。不过，受教育年限长并不意味着能力教育得到有效传播，更不意味着教育体系对学生们的培养有助于提升他们的技能和就业的能力。这一思辨涉及教育质量层面的问题，也属于拉美国家面临最严峻挑战的层面。此外，国际比较所反映的差距令人担忧。PISA（OECD，2010年）的报告显示，研究所选的拉美国家15岁学生三门功课的分数明显低于OECD国家（见表5.2）。49%拉美学生的阅读分数处于可能最低水平，OECD国家的这一比例为19%；84%和80%拉美学生的数学和自然科学成绩处于可能最低水平，是OECD国家的两倍。这说明，拉美国家的学生难以掌握社会和就业包容所需的基本技能。

表 5.2　拉美和 OECD 比较：15 岁学生 PISA 测试的最低成绩

国别	阅读	数学	自然科学
阿根廷	51.6	84.3	79.1
巴西	49.6	88.1	83.0
智利	30.6	78.3	67.4
哥伦比亚	47.1	90.8	84.3
墨西哥	40.1	79.1	80.9
巴拿马	65.3	92.6	88.3
秘鲁	64.8	90.4	90.0
乌拉圭	41.9	72.7	71.9
拉美平均分	**48.9**	**84.5**	**80.6**
OECD 平均分	**18.8**	**44.0**	**42.3**

来源：根据 PISA 报告中的数据整理（OECD，2009）。

此外，教育体系传授的知识与劳动生产所需技能的脱节使教育质量问题加剧。这一分析将在下文展开。

教育与生产劳动的脱节

经济全球化推动着生产模式发生深刻变革。这些变革在很大程度上是由飞速的技术革新推动的。知识在经济中已处于中心地位，成为理解生产原动力、竞争和创新能力的关键所在。企业组织中有一部分通过提升生产的技术含量向新的领域、新的劳动组织模式演进。

生产所需的技能也因此发生着改变。在这一现实面前，教育体系的传统教育与现实脱节，出现了所谓“技能鸿沟”。只要企业不能获得所需的技能，其劳动生产率的提高就会受到掣肘。为此，有必要了解教育与现实脱节对拉美的影响及其影响中小企业的途径。

由于教育体系提供培养教育同企业所需要的技能不同，拉美横亘着一条“技能鸿沟”，阻碍着中小企业提高劳动生产率。巴西 71% 的企业家表示，难以招聘到合适人员填补空缺。巴拿马、阿根廷和墨西哥的这一比例分别为 47%、45% 和 43%

拉美一些国家的企业家表示难以招聘到合适人选填补空缺。巴西的情况最为严重，有71%的企业家招聘不到合适人员填补空缺；巴拿马、阿根廷和墨西哥的这一比例分别为47%、45%和43%（ManpowerGroup，2012）。

这一现象对拉美的中小企业影响重大。拉美的中小企业难以招聘到所需的员工。企业所属的行业、技术水平、在全球价值链中的位置或出口导向等因素在很大程度上决定着中小企业所需求的技能，因此，也决定着“技能鸿沟”如何对中小企业造成影响。拉美地区约37%的中小企业认为，“技能鸿沟”是影响其日常经营的一大障碍（Banco Mundial，2012）。[2]

不同行业的中小企业在招聘时遇到的困难难度各不相同（见图5.1）。一方面，有些行业，如信息服务行业中80%左右的中小企业声称在招聘人才方面有中等或巨大难度，另外一些行业，如机械设备、纺织化工等行业中表示有中等和巨大招聘难度的中小企业也为数不少，比率为40%~60%之间。另一方面，行业内的一些部门，如酒店、批发、零售等部门，有40%左右的中小企业表示可以毫不费力地招聘到所需员工，只有约1/3的企业表

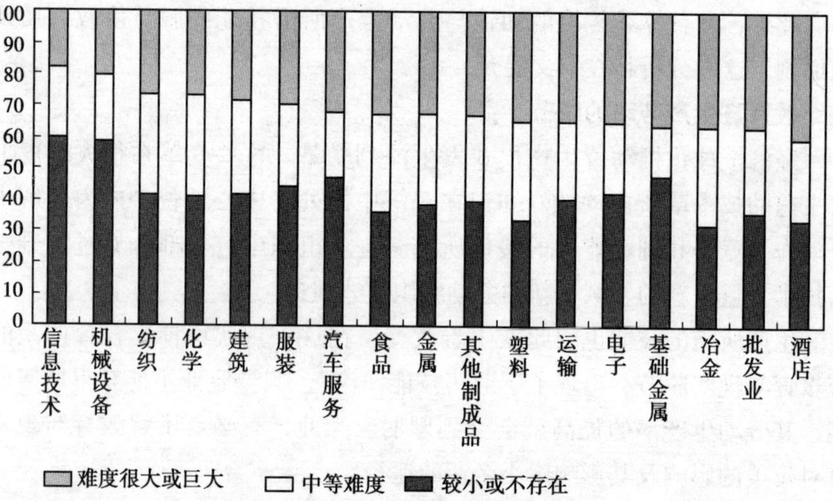

图5.1 2010年拉美不同行业的中小企业招聘合格员工的难度

来源：世界银行企业调查数据库。载 http：//dx. doi. org/10. 1787/888932719390.

示有很大或巨大的招聘困难（Banco Mundial，2012）。

中小企业的技能需求是由其所属的行业、技术水平和在全球价值链中的位置或出口导向决定的

中小企业因所属行业而遭遇招聘困难在很大程度上是由其所需技能的相对稀缺所致。因此，有必要了解企业所寻求的是何种技能，以便更好地理解企业活动的范围及其在特定经济部门可能受到的制约。同时对教育体系所不能提供的技能有所了解，从而认识这些技能的稀缺是制约劳动生产率提高的一大障碍。

近些年对这些问题认识的重大进展，确认了近几年企业技能需求发生了巨大变化。技术变革以及与之同时发生的生产模式转化（其影响已经有所评述），催生了一些新的岗位，这些岗位需要新的技能。以往具有中等教育水平的劳动者所从事的重复性劳动正逐渐被新技术取而代之（Aedo y Walker，2012）。

在这一现象面前，拉美的教育体系显得不合时宜。拉美教育体系仍旧十分专注于传统学科的培养教育。这些学科虽然重要，但需要那些新经济劳动市场所需的新型职业技能作为补充（Aedo y Walker，2012）。这方面的研究，如（Bassi y otros，2012；EIU，2009；ManpowerGroup，2012，y Schwalje，2011）等发现了一些教育所需的领域，这些领域可以分为两类。

有证据表明，拉美的一些投资决策是在人力资本有限的基础上作出的，这将产生增长障碍，限制劳动生产率的提高

此外，拉美企业技术能力需求难以满足不限于专门性技术能力，而且包括一般性技术能力，例如与新技术、新经济、外语以及计算机应用等（EIU，2009）。

最新研究表明，拉美企业所需的是不限于认知性的劳动技能。最近，一些企业向劳动力市场提出了具有社会情感（socioemotional）[3]特征的所谓“软技能”的要求。这些软技能包括批判性思维、团队责任感、解决问题能力和应变能力、口笔头沟通能力、对周遭处境的理解能力和与之相处能力等。拉美地区的企业家对这类软技能的赏识甚至超过了专门和一般性技术能力。他们表示很难找到具有这些软技能的人才（Bassi y otros，2012）。

拉美企业对技术能力、与新经济岗位、外语、计算机应用有关的技能以及所谓“软技能”，诸如批判性思维、团队责任感、解决问题能力和应变能力、口笔头沟通能力、对周遭处境的理解能力和与之相处能力等的需求尤其难以得到满足

总之，拉美企业需求与劳动力市场供给之间存在错配。这使拉美中小企业面临的人才挑战进一步加剧，因为供需错配阻碍了中小企业获得能够改善其劳动生产率的能力，对那些更加富有活力和增长潜力的中小企业而言更是如此。

然而，很多中小企业所处的行业附加值很低、工序技术含量或与技术、知识的技能稀少。这说明，拉美还存在这样的问题，即高水平劳动力供给和中小企业对高级技能的有限需求。这一问题推动生产停滞。

因此，从需求角度看，劳动力市场技能和能力供给不足影响着企业的劳动生产率以及生产结构。有些证据表明，在某些情况下，企业的能力需求会适应市场的低水平能力供给。这就导致投资决策在人力资本有限的基础上作出（Aedo y Walker，2012）。这对拉美经济增长和生产率水平的提高形成障碍，因为那些适应市场低水平供给的行业往往是与世界经济联系最为紧密、增长潜力最大的行业。它们由于人力资本稀缺而不得不舍弃必要的技能需求。同理，对技能的低水平需求会打击更高水平、领域更宽技能供给的积极性。长此以往，就可能形成一个阻碍劳动生产率提高、不利于生产发展的恶性循环。

应对人才培养挑战：公共政策的作用

劳动者和管理者受教育水平低以及辍学、学习成绩差等问题反映出教育和劳动力市场需求的脱节。所有这些因素都制约着经济发展和劳动生产率的提高。这就要求拉美各国通过实施公共政策帮助企业应对挑战，在一般意义上改革教育体系，在特殊意义上改革劳动教育。这就是拉美地区企业将面临的人才培养挑战。

然而，公共政策的设计有赖于对现有人才培养挑战的判断能力的提高，需要大量实证证据的支持。决策必须立足于对如下情况的深刻理解：现有知识和技能、教育和职业培训体系将加大社会包容和成年人就业的能力、教育体系和生产部门之间存在的差距。拉美国家面临的一大严峻挑战是，如何提高对这些问题的判断能力，并随时间的推移对各国情况进行比较。在这方面，OECD 国家的经验十分值得借鉴（见专栏 5.1）。

专栏 5.1　对成年人的技能评估：OECD 的 PIAAC 研究

为了对 16~65 岁间成年人（包括 25 个 OECD 国家和俄罗斯）的知识和技能进行评估，OECD 实施了成年人技能评估项目（其英文缩写为 PIAAC）。项目旨在拓展和改善用以评估成年人知识和技能的方法，以便对各国在知识社会的挑战面前做好了怎样的准备有一个具体和准确的了解。2013 年年底，项目的第一批研究成果将问世。智利是参加这一项目的唯一一个拉美国家。

PIAAC 的创新之处有两个：其一，对成年人技能的评估采用直接评估法。传统的做法是通过国民教育水平评估一国的人力资本。与传统方法相比，直接评估的优势在于，获取文凭并不能保证拥有技能。获得文凭的时候如此，获得文凭后，随着时间的推移，情况更是如此。直接评估是通过问卷调查对成年人的知识和技能进行测试，这样做有利于就一国人力资本形成具体印像。其二，PIAAC 将一些有助于成年人拓展知识和技能视野并促进其知识和技能应用的新元素纳入了评估范围。除了要对阅读范围、数学知识和写作能力进行测试外，项目还对解决技术问题能力、工作场所使用的技能以及被测试人的社会经济环境进行考察。

收齐所有信息后，项目将提交给各国政府，以便制定有关提高成年人技能的公共政策。这些分析被证明是有用的，原因是：(1) 项目准确地提供了有关不同年龄段和具有不同人口、社会经济特征的成年人技能全貌；(2) 有助于深刻了解教育和职业技术培训体系向成年人传授知识技能，以便使之更好地融入社会和劳动力市场；(3) 有利于分析那些生产部门所需要的、能够改善劳动绩效的技能和能力，有助于研究劳动者职业生涯中技能的演进以及培训对职业轨迹的影响；(4) 便于进行横向国际对比。项目的连续性有助于对一个国家不同时间段的情况进行纵向对比。

资料来源：www. oecd. org/piaac.

中小企业增长潜力大，就业作用突出，活力不足。因此，有关劳动者和管理者培训的公共政策应当向中小企业倾斜。

具体来说，由于缺乏具备适当技能的劳动力，中小企业在和大企业竞争中处于不利地位，因为大企业往往可以通过高薪、高度激励、提供晋职或内部调整、企业名气以及更好的在职培训机会等等吸引人才。

PIACC认识到，获取文凭并不能保证拥有技能。获得文凭的时候如此，获得文凭后，随着时间的推移，情况更是如此。直接评估是通过问卷调查对成年人的知识和技能进行测试，从而对异国人力资本情况进行判断

许多大企业采取的克服合格劳动力稀缺的战略是对员工进行内部培训，中小企业却很难做出这样的选择，因为这样做会使自己面临人才培养出来后另谋高就的风险。因此，中小企业更愿意开展针对自己企业经营活动的、具体实用的培训，而不会去实施更具有横向选择可能的技能培训，虽然进行具有横向选择可能的技能培训也是教育体系应当教授的内容。

由于一部分低教育培训水平的劳动者加盟中小企业，而后者不愿意将对劳动者的培训内化处理，这些劳动者的能力就难以得到实质性提高。另外，企业受技术能力所限，不能实现生产换代升级，这会严重制约员工的学习进步。这些问题，加上中小企业吸纳技术的能力低下，会使中小企业难以扩大有关其生产的知识基础，也不能进行重要的技术创新，从而延长其生产力水平停滞不前的状态。

在这种情况下，考虑到拉美中小企业的非均质性，强化制度能力、设计针对中小企业人才培养需求的公共政策的重要性就更为凸显。因此，除了填补基础教育的不足、提高企业教育水平、对组织水平低下、不够正规的中小企业提供针对其经营活动的技能开发外，还应当同时推动那些具有一定技术和企业管理水平的企业向知识密集型行业学习，以增加企业界活力，扩大企业附加值。这有助于加强政府干预的针对性，即针对企业的不同特点和能力采用不同的方法和工具。

此外，中小企业人力资源培养要求更为广阔的管理、技术和知识可获性服务。在这方面，应当重视信息和通讯技术的作用。使用信息和通讯技术的培训项目具有如下优势：灵活性强、准入便利、无作息时间和地理距离限制、成本低廉，而中小企业恰恰面临较大的培训可获性障碍，因此，使用信息和通讯技术的培训项目在进一步满足中小企业培养人才需求方面富有潜力。[4]

使用信息和通讯技术的培训项目因其灵活性强、准入便利、无作息时间和地理距离限制、成本低廉等优点而特别适合中小企业

针对中小企业的培训有三个主要传播渠道：（1）正规教育体系，包括小学、中学和大学教育。（2）职业教育和技术培训。职业教育和技术培训更加重视实际应用。从事职业教育和技术培训的包括公、私营职业培训机构。（3）非正规教育，即在职培训。以岗位交流和互动为知识传播的主要途径。

本章第三节对传统的正规教育和非正规教育提出了若干建议。职业教育和技术培训与就业所需的能力以及拉美地区劳动力市场所需技能之间的联系最为密切。下一节将分析拉美职业教育和技术培训的情况。

拉美地区中小企业职业教育和技术培训概貌

拉美各国在强化中小企业人力资源政策方面取得了一些重要进展。值得一提的是，几乎所有拉美国家都设有中小企业人才开发机构，并开展中小企业人才开发项目。本节将分析拉美国家中小企业职业教育和技术培训的供给演进趋势，并对几个国家的具体情况进行考察，以便我们认识拉美国家职业教育和技术培训方面取得的优势和面临的挑战。

拉美国家中小企业职业教育和技术培训供给演进趋势

早在20世纪40年代进口替代工业化时期，拉美国家就着手创立并扩大企业人力资源培训制度。从那时开始，拉美各国政府不仅向企业人力资源培训提供经费、实施政策管理，还直接提供培训服务。

1942年首创于巴西的一种制度模式，即国家工业学习服务局（Servicio Nacional de Aprendizaje Industrial，SENAI）几乎在所有的拉美国家得到传播和效仿。[5]这一范式的特点是，服务局所有的管理活动都有三方参与，即劳动者、企业家和政府代表。根据巴西国家职业培训法规定，培训经费中有一部分是企业按照总工资水平的特定比例缴纳的。这种融资方式具有相当的自主性，可以适应企业培训需求的调整变化。

当时的培训政策向大企业的需求倾斜，中小企业对政策导向的影响微乎其微。在最初几十年，职业教育和技术培训是供给主导型的，培训教育的重点、课程的开办以及维持都由国家来决定。企业一般是作为培训教育服务的消费者行事，较少参与课程的选定以及有待开发的涉及竞争性的识别活动（Gallart，2001）。虽然有些培训项目是针对中小企业生产力水平提高的，但中小企业对政策导向的影响微乎其微。

进入20世纪80年代，特别是90年代以来，职业培训政策导向发生了重大变化，由供给主导向企业需求主导型转变（“需求补贴”）（Gallart，2001 y Labarca，2001）。随着社会对中小企业关注度的提高，一些针对中小企业的制度开始设立。在阿根廷、巴西、智利、厄瓜多尔、萨尔瓦多和墨西哥等国，培训合格的人力资源被纳入中小企业政策框架（Goldstein y Kulfas，2011）。突出的例子如巴西中小微企业支持服务局（el Servicio Brasile de Apoyo a las Micro y Pequeñas Empresas，SEBRAE）、阿根廷中小企业和区域发展国务秘书处（la Secretaría de la Pequeña y Mediana Empresa y Desarrollo Regional，SEPYME）、墨西哥中小企业署（la Subsecretaría para la Pequeña y Mediana Empresa，SPYME）等。

需求主导的人力资源政策是针对生产方式的变化以及80、90年代结构性调整导致预算紧张提出的。当时，生产方式的变化需要更加合格，知识技能掌握灵活且能够适应新型生产方式的人力资源。国家角色的重新定位以及由市场机制配置资源更为有效理念的深入，推动了培训活动的市场化，由市场来满足生产部门的培训需求。

在拉美，由国家建立和实施培训的机构与国家出资并监管，但不直接

提供培训服务的机构并存

在这一时期中，并行着两种导向完全相反的政策模式（Gallart，2001）。一是由国家建立并实施培训的政策模式，培训针对的是经济部门和分支机构的分权化进程，力图使培训与生产部门的需求靠近。培训还针对机构区域化进程，旨在满足地方的具体需求。为此专门设立的机构如哥伦比亚全国学习服务局（el Servicio Nacional de Aprendizaje，SENA）、多米尼加共和国技术和职业培训局（el Instituto Nacional de Formación Técnica y Profesional，INFOTEP）等都是国家机关，它们负责实施旨在提高企业生产力水平和人力资源开发的职业培训规划。[6]

二是市场化培训体系日益兴起。国家虽然还负责提供培训服务经费并负责对其实施监管，但逐渐从提供直接服务淡出。在这一理念下，资源是由市场配置的，即通过培训机构（公私兼有）服务供给和企业需求间的互动配置资源。智利的国家就业和培训局（ElServicio Nacional de Capacitación y Empleo，SENCE）就采用这一模式。国家就业和培训局通过向企业提供税收优惠或向个人提供奖学金的方式补贴培训需求，由培训机构负责根据需求分配公共经费，国家就业和培训局不直接提供培训服务。

智利案例显示了这一模式的局限性，即国家负责培训体系的设计、经费和监管，更为重要的责任却留给了企业。有些研究和评估报告指出，对培训需求实施补贴，如没有其培训供给协调和指导机制相佐，就会导致培训向大企业一边倒的情况（Geo Consultores，1999；Dini y Stumpo，2002；Jara，2002；Belmar y Maggi，2010）。

拉美国家对中小企业培训和教育项目千差万别，这种非均质性也是上述两种模式共存的体现。培训项目的多样性还表现在政府培训项目的特征和范围上，因为这些项目与经费关系密切：从经费来源到培训活动的资助方式。

有些研究和评估报告指出，对培训需求实施补贴，如没有其培训供给协调和指导机制相佐，就会导致培训向大企业一边倒的情况

许多拉美国家的培训资金来自企业工资税，如巴西、哥伦比亚、哥斯达黎加、危地马拉、萨尔瓦多和多米尼加共和国等。也有些国家直接从预算中拨款，如巴西、智利、哥斯达黎加和墨西哥等（Lengfelder y Schkolnik, 2011）。其他资助方式包括通过税收优惠对企业提供补贴，如智利的SENCE。这种补贴形式多样，可以是一种对中小企业的月度信贷、对大企业的年度信贷或者对微型企业的奖学金。补贴也可以直接拨给各行业或地区的培训中心。这些培训中心由行业协会管理，例如巴西的SEBRAE。最后一种补贴是针对劳动者的，这也是使培训更具有针对性（如针对失业者、青年和女性）最常用的政策工具。

虽然拉美各国政府回应中小企业人力资源培训需求的做法有诸多共同之处，但由于国情各异、各国政府的政策倾向不同，各国中小企业人力资源培训的制度演进也有所不同。关注中小企业的制度构成包括职业培训机构、技术教育机构，如阿根廷的国立技术教育局（el Instituto Nacional de Educación Tecnológica，INET）、乌拉圭劳动大学（la Universidad del Trabajo del Uruguay，UTU）。多数拉美国家的企业协会，一些诸如墨西哥ICAM GROUP和智利Interfases这样的私有机构等，这些私有机构同样开展旨在提高生产能力的培训项目（见表5.3）。

表5.3 中小企业人力资本强化机构和项目

机构类型	特点
职业培养机构和培训机构	公共属性、国家层面、私立属性，专业性（墨西哥的ICAM，智利的Interfases）
技术教育机构	支持和培训项目（阿根廷的INET；乌拉圭的UTU和智利的DUOC）
劳动、工业、经济和文化部委	中小企业促进专项：例如墨西哥中小微企业支持基金（FONDO PYME）
其他私立组织	非政府组织

来源：OIT/CINTERFOR（2012）.

总之，无论是培训教育服务提供机构、资金来源和政府项目的侧重点上，拉美国家都呈现出很强的多样性。就服务提供机构而言，既有公共培训机构也有私人培训机构；就资金来源而言，既有政府提供经费的，也有私有部门乃至国际组织提供经费的；就政府项目的侧重点而言，既有强化所有企业人力资源的，也有专门针对中小企业人力资源的（OIT/CINTERFOR，2012）。

挑战依然严峻，主要体现在如下两方面：一方面，中小企业对花钱搞培训的做法总是持有某种戒心，这导致中小企业在人力资源培训方面投资不足；另一方面，培训促进机构在培训重点方面缺乏明确的方向，这使其促进措施往往缺乏针对性（Goldstein y Kulfas，2011）。就前者而言，中小企业不情愿进行培训投资的态度往往由于需求补贴的宣传而得以强化，造成培训促进项目的作用不能充分发挥；就后者而言，拉美国家没有明确的中小企业战略，没有能力对那些能够提升中小企业发展潜力的知识形成强化培训的核心从而加以重视，这些最体现在中小企业培训战略的缺失。

一方面，中小企业对花钱搞培训和做法总是持有某种戒心，这导致中小企业在人力资源培训方面投资不足；另一方面，培训促进机构在培训重点方面缺乏明确的方向，这使其促进措施往往缺乏针对性

国别案例：强化中小企业人力资源项目

阿根廷：财政信贷和行会培训中心行动项目

阿根廷的培训公共政策是需求主导的，主要政策工具是财政信贷。例如，SEPYME 实施的员工和企业家培训财政信贷项目就是针对中小企业的。通过这一政策工具，中小企业可以获得高于其人力资源培训及开放（公共和私有培训机构课程）和封闭性活动（为企业量身定做的培训班）投资的退税（SEPYME，2012）。根据企业规模大小，项目以两种模式展开：第一种模式的针对对象是“大型或者转让中的中小企业”，受理向中小企业培训提供经费并接受退税的大企业的申请；第二种模式的针对对象是“作为受益人的中小企业”。中小企业业主或雇员开展培训活动的，该中小企业可以申请退税。

阿根廷劳动、就业和社会保障部也有一个财政信贷项目，内容包括对实施下列类型培训的大中小企业提供激励：（1）职业培训；（2）小、初、高中及大学学历教育和证书颁发；（3）失业人员培训；（4）对根据劳动、就业和社会保障部的规定实施职业培训机构的管理质量强化进行认证（证书颁发）。劳动、就业和社会保障部的财政信贷项目支持对在岗和失业人员进行能力强化，也允许职业培训机构采购新设施、加强制度建设（MTEySS，2012）等。

在阿根廷，对中小企业雇员的培训是面向需求的政策主导，通过财政信贷计划进行

阿根廷的另外一个重要经验是在培训供给和生产需求之间建立不同层次的协调关系。在阿根廷，这一任务已由各行业协会的培训中心完成。如前所述，INET通过职业培训计划发挥了重要作用，推动了行业职业培训网络的建立。目前，网络涵盖如下行业：（1）机械汽车；（2）电力；（3）金属机械；（4）木材、皮革；（5）旅游、酒店和餐饮；（6）建筑；（7）农牧业。

此外，纺织服装行业培训网络正在建设当中。构成网络的机构分为两种，一是提供职业培训机构以及赞助、促销组织、协会或其他单位，二是职业培训服务的用户。制鞋业和制图业行业协会的创意值得一提。制鞋业协会建立了制鞋业人力资源和技术中心（Centro de Recursos Humanos y Tecnología para la Industria del Calzado，CEFOTECA），提供操作培训、技术培训、咨询和技术支持。中心得到了国立技术大学阿韦亚内达地区学院（la Universidad Tecnológica Nacional，Facultad Regional Avellaneda，UTN FRA）、国家工业技术局皮革技术研究中心（Centro de Investigación de Tecnología del Cuero，CITEC，el lnstitutu Nacional de Tecnología Industrial INTI）的支持。制图业从1907年开始一直得到古登堡基金会的支持。基金会提供相当于高等教育水平和继续教育水平的职业培训。此外，古登堡这一私立基金会还开展应用研究、技术和服务支持，以及制图业和其他行业的开放管理等活动，在职业培训和专业化培训方面与教育体系和生产部门保持着密切联系。

阿根廷中高等技术教育的经验也值得借鉴，在这方面INET致力于巩固和整合国内教育体系的努力功不可没。INET提出推动技术教育提供者的制度化，承认培训学历等。INET负责行业论坛的协调工作，行业论坛由劳动者、企业家、科技机构、行业专家组成，论坛的宗旨是识别行业培训需求，确定上岗条件，以便于培训班的设计。

巴西：通过SEBRAE传播远程培训，推动劳动者、企业家和培训师对话的SENAI模式

在满足中小企业培训需求方面，巴西有两个有意思的模式：巴西小微企业支持服务署（el Servicio Brasileño de Apoyo a las Micro y Pequeñas Empresas，SEBRAE）和国家工业学习服务署（el Servicio Nacional de Aprendizaje Industrial，SENAI）。

巴西小微企业支持服务署，是一家非营利性私营机构。自1972年起，它联合公共和私人部门开展培训，通过培训计划，推动中小企业的竞争和可持续发展，鼓励合作、区域开发以及市场准入等项目。SEBRAE有接近700个网点遍布全国。最近SEBRAE还投资信息通信技术，开发了新的、小企业支付得起的知识沟通、传输和传播渠道和方式，为远程培训提供便利（SEBRAE，2012）。

SENAI由企业发起，成立于1942年。它整合了所谓的“工业体系”，拥有797个网点，能够支持全国28个工业领域。其主要活动是进行人力资源培训，提供技术和技能服务，年接待人次为230万。SENAI在全国26个州设有联邦和地区办事机构，以应对这些地区职业和地区发展需求（SENAI，2012）。

巴西有两大中小企业培训体系：SEBRAE提供常规和远程培训；SENAI则是拉美大型职业和技术培训体系之一

SENAI的职能远非如此。在拉美地区，SENAI在很多方面的经验都十分突出。特别需要提出的有两条：一是创立了在劳动者、企业家和培训者之间对话的行业技术委员会，并使之投入运行；二是构建了一个培训前景模型（见专栏5.2），借助此模型，与行业委员会一道对未来可能产生的培训需求进行识别，以便更好地满足这些需求。由于成效显著，这一做法在拉美其他国家得到传播。

行业技术委员会是商讨特定行业培训和劳动事宜的论坛。参加论坛的是不同行业的专家和专业人士，他们有的来自SENAI，有的是外聘人员。他们的理论知识和实践经验有助于引导职业教育决策。委员会的主要职能包括：(1) 确定建立在竞争力基础上的职业要求，引入评估参数；(2) 不断更新职业要求；(3) 为制定职业证书规则提供依据（Martins, 2008）。

专栏5.2 SENAI的培训前景模型

SENAI的预测模型是与巴西几所主要大学合作开发的，旨在预测"将来培训劳动者的数量及其职业要求"，从而缓解培训供给和需求失衡状况。

通过这一模型，能够估测新兴技术传播率的变化，对近期的组织模式进行构建，并对未来5年的职业需求进行估测。通过上述技术、组织、职业和教育估测，可以对需要优先开展的职业教育和技术、技能培训活动实施补贴（Martins, 2008）。

模型的分析方法主要考虑如下因素：

新兴技术：未来5~10年期间可能在特定工业行业或部门内传播的；

组织发展趋势：未来5~10年最可能在特定工业行业或部门中出现的；

教育发展趋势：SENAI目标公众技能演进的趋势以及实际存在的差距；

岗位发展趋势：考虑新型技术传播因素，5~10年间特定部门就业岗位发展趋势；

岗位影响：新型技术传播以及工业组织发展趋势对就业岗位的影响。

通过对上述因素的考量和分析，形成一系列冠名为"问题天线"的建议。目前，经这一模型分析并得到建议的行业包括：纺织、石化、机械设备、通讯、土建、制鞋、食品（肉类）、冶炼、船舶制造和修理、工业自动化等。

来源：Caruso (2011).

智利：SENCE税收优惠项目

税收优惠项目指，SENCE针对企业规划、设计和实施对其劳动者的培训进行税收减免。扣减额度最高可以达到企业年度/月度（中小企业）工资总额的1%。可以享受税收优惠的培训机制有如下三种：(1) 直接培训，即企业组织开展的内部培训；(2) 从企业外部聘用专业培训师开展培训；(3) SENCE批准机构下设的技术培训组织（OTEC）提供的培训服务（包括职业学院、私人培训机构、技术培训中心以及一些大学提供的培训）。

其中，第三种模式采用最为广泛。参与该模式的有技术组织、培训中介机构（OTIC）。其中培训中介机构是由 SENCE 认可、向企业提供技术支持和咨询的中介机构。中介机构按行业、区域分组，它们并不直接举办培训班，而是管理企业的培训资源，以促进、管理和监督人力资源培训和技术支持项目（Poblete，2004）。

由技术组织提供服务的培训方式虽然是智利使用最为广泛的培训方式，但中小企业的使用率很低

这一培训方式在中小企业中使用率低，且不能针对那些需要重大的技术和生产工序（IFP）投资的领域提供培训，这些问题已存在多年。[7]智利曾试图解决这些问题，但成效不大，主要是因为未能改变这一模式的运行逻辑：由市场来联系企业培训的供给和需求（Dini y Stumpo，2002，y Belmar y Maggi，2010）。

哥伦比亚：支持创办中小企业，完善企业管理

哥伦比亚全国学习服务局（Servicio Nacional de Aprendizaje，SENA）通过实施培训、更新知识和技术咨询项目，以及常规和远程职业培训活动促进中小企业成长。服务局提供中小企业成长服务，支持企业改善信息和通讯技术、物流和人力资源管理。还有一种支持方式，即由政府提供创业基金，SENA 对基金进行管理，为学员、实习生和新近上岗的专业人士合作创办企业提供便利。在这种情况下，基金优先支持农业企业创业，特别支持那些参与农村青年创业者计划（Programa Jóvenes Emprendedores Rurales）的人创办企业。

墨西哥：按照企业培训和资质证书支持中小企业能力建设（CONOCER）

墨西哥中小企业署开展的培训和咨询项目，按照中小微企业的成长阶段对其进行分类，即创业型、微型创业、中小企业、“羚羊企业”[8]和“牵引式企业”[9]，[10]对不同类型的企业提供不同的支持。区别对待是墨西哥中小企业能力建设政策的一大特色。

墨西哥还设有中小微企业支持基金（Fondo PYME），对促进中小微企业创立、发展、巩固，提高其劳动生产率水平、竞争力、可持续性和可行性的计划和项目提供临时性资助。对针对中小企业进行培训和咨询，包括举办研讨会、座谈会、培训认证和开设培训班等提供资助成为基金的职能之一，旨在强化企业能力，促进其劳动生产率和竞争力的提高，改善企业组织。

墨西哥的职业资格证书制度十分突出。这一制度由墨西哥劳动技能标准化和证书化理事会（CONOCER）协调。理事会隶属墨西哥公共教育、就业和社会救济署，由政府（农业、经济、教育、财政和劳动部门）代表、企业家和劳动者代表组成 。CONOCER 成立了由企业家和劳动者代表组成的各类技能管理委员会。

职业标准作为提供培训课程的素材，与生产、社会、政府和教育部门的要求高度一致，并被用来对参加评审的机构和组织进行评估和认证。只有得到 CONOCER 认证的培训、评估和和劳动职业认证的机构，才能根据国家注册（认证和评估机构）标准进行技能培训、评估和认证活动。

秘鲁：小企业服务中心

秘鲁全国工业劳动培训服务局（El Servicio Nacional de Adiestramiento en Trabajo Industrial ，SENATI）是 1961 年在企业倡议下成立的，其宗旨是为提升制造业、安装、修理和维修等从业人员的技能进行人力资源开发。服务局靠按月收取税、费的方式筹集资金。这是一家公立私管机构，除致力于职业培训和辅导外，还开展技术服务活动。企业家参加服务局开展活动的决策过程、规划过程、职业培养开发等，决策主要针对具体的劳动技能。

SENATI 面向下列领域提供不同水平（技术和专业）的专门培训：企业管理、农业产业化、绘图艺术、通讯、电子技术、酒店旅游、食品工业、信息技术、珠宝首饰、金银器皿、机械自动化、金属机械、纺织服装以及木器制品等。

为满足中小企业需求，服务局设立了小型企业服务中心，用以改善小型企业的劳动生产率，提高产品质量，促进技术创新，获取更多的新技术。各中心提供企业物流服务、咨询、技术支持以及信息技术服务。中心配备了各类咨询师，解答服装生产、金属机械、企业管理、食品加工、木工和环境管理等生产领域的各类问题。

中小企业人力资源培养战略的发展方向：结论和政策建议

拉美的中小企业面临人力资源不足、能力低下的挑战。这些挑战制约着中小企业劳动生产力水平的提高。全球化进程和技术变革对教育和劳动教育体系提出了新的要求，从而使中小企业在应对诸如教育覆盖率低、教学质量差等传统挑战的基础上还要迎接新的挑战。拉美各国必须推进制度能力建设、设计并实施用于满足中小企业各种人才培养需求的公共政策。

强化企业家、劳动者和培训者之间对话的制度框架，推进劳、资、教各方共同确定劳动技能，这有利于统一劳动技能要求、开发劳动技能需求预测机制、推动从教室到岗位的培训。这些政策会产生重大影响

接下来描述，在拉美国家公共政策可能产生重大影响的某些方面。

（1）加强教育体系和劳动力市场之间、培训供给和需求之间的联系。政策取向可以是：

强化企业家、劳动者和培训者之间对话的制度框架，开展顺畅的沟通，以便正确认识供给和需求的特点。有些国家，如芬兰，它们的社会对话制度十分发达也很有意思，参与对话的各方共同确定岗位资格。这些制度有利于劳动技能标准的统一。

开发预测市场技能需求的机制。巴西的 SENAI 预测机制是一个良好的参照。

拉美国家加强教育体系和生产部门联系的例子还有很多，如墨西哥的 CONOCER 机制，阿根廷劳动、就业和社会保障部推动的行业证书理事会制度，巴西 SENAI 的行业技术委员会制度，以及哥伦比亚行业例会制度（sectorial mesas）。

除了传统的培训外，将所谓的“软技能”也包括在培训课程中很重要，并且还要重视一般的及横向的技能，它们被运用于不同的劳动环境中

（2）推广培训路线图——将教室上课与在岗培训结合起来，提倡劳动者终生培训。德国的职业培训模式就很有代表性。这一模式将企业培训和教育机构有机地集合起来，劳动者参与度和社会认可程度都很高。

（3）改革现有的技术和职业培训课程，将软技能纳入培训，并强化一般性和横向的技能培训。只有这样才能填补现有的培训缺陷，满足企业的需求。此外，还能够提高劳动力能力，使之更好地适应不断变化的职业需求，提高就业竞争力。

（4）推进可信度高的参考框架的构建，以便准确界定岗位资格及其与不同教育水平的对应关系。教育既可以是正规教育、职业培训、实践经验或其中二、三种情况兼而有之。认证制度能够提升培训效力，提升社会对培训的认可程度，并使培训得到其应当得到的声誉。这在拉美尤其重要，因为拉美的很多年轻人往往早年辍学就业以期得到经济收入。认可他们的非正规教育和在岗培训对其未来职业发展至关重要。这方面，一个有意思的经验是欧洲终生学习资格框架（EQF-MEC），拉美各国在考虑本国国情的前提下，可以采用这一模式。欧盟各国间据此进行资格认可、解释和转换，是一项很成熟的制度。应当指出的是，这一框架有效运行的前提是制度能力和某种社会资本。其中社会资本不限于政府，还包括私有部门和相关各社会阶层。

拉美中小企业人力资本面临的核心挑战是，企业管理层和领导者不够专业化，这使他们对培训的必要性缺乏认识，从而难以充分发挥劳动力培训的生产优势

（5）加强劳动培训同社会、地域、生产和技术环境的联系。劳动培训要获得协同效应、增强效果从而使比较优势得到更好地发挥，强化其与社会、地域、生产和技术环境的联系至关重要。此外，这意味着，教育政策不能仅仅考虑需求。教育政策是支持产生高质量的培训供给的一大工具，它还必须与产业政策相互协调一致。

（6）拉美中小企业人力资本面临的核心挑战是，企业管理层和领导者不够专业化，这使他们对培训的必要性缺乏认识，从而难以充分发挥劳动力培训的生产优势。因此，企业家不断获取与其从事行业领域相关的专业知识对其自身发展十分重要。哥伦比亚 SENA 的中小企业强化服务局（Servicio de Fortalecimiento a pymes del SENA de Colombia）在提升企业管理层培训——重点是信息通讯技术和人力资源管理主动性的做法值得提倡。

（7）加强制度建设，强化促进中小企业开展内部培训、积极参加外部培训的激励机制。建立中小企业网络，推进协同效应、利用规模经济效应、构建对培训的财政激励框架、利用信息和通信技术实施培训等方面大有可为。

（8）改善培训、扩大劳动技能实证证据的基础，从而准确判断本地区中小企业人力资本培训面临的挑战，以及教育体系与生产需求之间联系所面临的挑战。这会使公共政策的设计更为有效、立足更稳、针对性更强。在这方面，借鉴 OECD 的 PIAAC 计划可以提升判断问题的准确性并能够展开国际比较。

（9）建立评估机制和计划，对业已实施的政策效果、资源使用是否适当等进行评价。这会使公共政策日益向质量保障、目标实现的方向发展，并使政策设计和实施不断改善。

推进建立具有可信度的参考框架，以便恰当界定岗位资本，促进对培训经历的认可。此外，加强制度和激励机制建设，从而推动中小企业开展内部训，建立中小企业间合作机制。这方面的政策至关重要

【注　释】

[1] 根据联合国拉美经委会数据库数据估算。

[2] 根据 2012 年世界银行企业调查数据估算。

[3] 可以理解为社交情商。——译者注

[4] 一个推动中小企业采用信息和通讯技术实施培训有意思的例子是，国际劳工组织/CINTERFOR 连同几个拉美开发的：中小微企业使用信息通信技术培训战略设计方法指南（Guía metodológica para disenar estrategias de capacitación basada en TIC para mipyme）。

[5] 哥伦比亚、哥斯达黎加、巴拿马、多米尼加共和国和乌拉圭都设有这样的机构。

[6] SENA 和 INFOTEP 是公共机构，经费主要来自按照工资总额计算的税费。

[7] SENCE 2010 年统计数据显示，当年参与税收优惠项目达中小企业中，对劳动者实

施培训较多的行业依次是贸易、不动产、企业、租赁业务以及非金属制造业。这三个行业培训人次占到使用税收优惠项目人次的43.5%。需求量最大的培训是行政管理知识开发。

[8] 增长能力强、出口高科技产品的企业。译者根据墨西哥众议院竞争力委员会文件注释。

[9] 指对经济有拉动作用的、占有国内外市场空间的企业。译者根据墨西哥众议院竞争力委员会文件注释。

[10] 详见第二章。

【参考文献】

[1] Aedo, C. e I. Walker (2012), Skills for the 21st Century in Latin America and the Caribbean, Banco Mundial, Washington, DC.

[2] Banco Mundial (2012), Enterprise Surveys, disponible en: www. enterprisesurveys. org

[3] Barro, R. y J. -W. Lee (2010), "A New Data Set of Educational Attainment in the World, 1950~2010", National Bureau of Economic Research, NBER Working Paper No. 15902, April 2010, Cambridge, MA, disponible en: www. nber. org/papers/w15902.

[4] Bassi, M., M. Busso, S. Urzúa y J. Vargas (2012), Desconectados: Habilidades, educación y empleo en América Latina, Banco Interamericano de Desarrollo (BID), Washington, DC.

[5] Belmar, C. y C. Maggi (2010), "Políticas e instituciones de fomento de las pymes cn Chile", en C. Ferraro y G. Stumpo (comps.), Políticas de apoyo a las pymes en América Latina Entre avances innovadores y desafíos institucionales, CEPAL, Santiago de Chile.

[6] Caruso, L. (2011), "La aplicación del Modelo SENAI de Prospección", documento presentado en el seminario Prospectiva de la formación profesional: tendencias ocupacionales y nuevas demandas, OITCINTERFOR, Panamá, 19 de octubre de 2011.

[7] Dini, M. y G. Stumpo (2002), "Análisis de la política de fomento a las pequeñas y medianas empresas en Chile", Serie Desarrollo Productivo 136,

CEPAL, Naciones Unidas, Santiago.

[8] EIU (Economist Intelligence Unit) (2009), Skills to compete. Post-secondary education and business sustainability in Latin America, The Economist, Economist Intelligence Unit Limited, Londres.

[9] Gallart, M. A. (2001), "La articulación entre el sector público y la empresa privada en la formación profesional de América Latina", en G. Labarca (coord.) (2001), Formación para el trabajo: ¿pública o privada?, CEPAL/CINTERFOR/GTZ, Montevideo.

[10] Geo Consultores (1999), Evaluación económica de la franquicia tributaria para la capacitación, Informe final del estudio evaluación económica de la franquicia tributaria para la inversión en capacitación en la empresa. Contratado a Gestión y Economía de Organizaciones (Geo Consultores) por el Ministerio de Economía y el SENCE, Santiago.

[11] Goldstein, E. y M. Kulfas (2011), "Alcances y limitaciones de las políticas de apoyo a las pymes en América Latina. Debates para un nuevo marco conceptual y de implementación", en C. Ferraro (comp.) (2011), Apoyando a las pymes: políticas de fomento en América Latina y el Caribe, Naciones Unidas, CEPAL, Agencia Española de Cooperación Internacional para el Desarrollo (AECID), Santiago.

[12] Jara, O. (2002), Evaluación del sistema de capacitación en Chile. Inversión pública y los beneficios para las personas, Estudios, Editorial Universitaria, CIADE, Santiago.

[13] Labarca, G. (2001), Formación para el trabajo: ¿pública o privada?, CEPAL/CINTERFOR/GTZ, Montevideo.

[14] Lengfelder, C. y M. Schkolnik (2011), "Participación de los actores socio-laborales en los sistemas nacionales de capacitación y formación técnica profesional (SNCFP) en América Latina" en J. Weller (comp.), Fortalecer la productividad y la calidad del empleo, Colección Documentos de Proyecto, 419, CEPAL, Agencia Espa? ola de Cooperación Internacional para el Desarrollo (AECID), Santiago.

[15] ManpowerGroup (2012), 2012 Talent Shortage Survey Results. Research Survey, ManpowerGroup, disponible en: www. manpowergroup. com/research/research. cfm.

[16] Martins, J. M de A. (2008), "SENAI, ambiente favorable a la difusión tecnológica" en OIT/CINTERFOR, La formación profesional y la productividad, OIT/CINTERFOR, Montevideo.

[17] MTEySS (Ministerio del Trabajo, Empleo y Seguridad Social de la República Argentina) (2012), disponible en: www. trabajo. gov. ar/segurocapacitacion/ (Se accedió en 31/05/2012).

[18] OCDE (2010), PISA 2009 Results: What Students Know and Can Do – Student Performance in Reading, Mathematics and Science, Vol. I, OCDE, París.

[19] OIT/CINTERFOR (2012), "Habilidades y capital humano para las mipyme", mimeo.

[20] Poblete, R. (2004), "Capacitación laboral para las pyme: una mirada a los programas de formación para jóvenes en Chile", Serie Desarrollo Productivo No. 149, Naciones Unidas, CEPAL, Santiago.

[21] Schwalje, W. (2011), "The Prevalence and Impact of Skills Gaps on Latin America and the Caribbean", in Journal of Globalization, Competitiveness and Governability, Vol. 5, No. 1, pp. 16-30.

[22] SEBRAE (Servicio Brasileño de Apoyo a las Micro y Pequeñas Empresas) (2012), disponible en: www. sebrae. com. br (se accedió en 18/07/12).

[23] SENAI (Servicio Nacional de Aprendizaje Industrial) (2012), disponible en http: //senai. br/br (se accedió en 13/07/12).

[24] SENCE (Servicio Nacional de Capacitación y Empleo) (2010), Informe sobre la evaluación en profundidad del Programa Franquicia Tributaria para la Capacitación de Empresas, disponible en: http: //sence. cl (se accedió en 29/5/2012).

[25] SEPYME (Secretaría de la Pyme y Desarrollo Regional) (2012), dis-

ponible en：www. sepyme. gob. ar/programas/creditofiscal （se accedió en 31/5/2012）.

[26] Tuero，M.，M. Dini，P. Polo，L. Porna y L. Henriquez（2009），Crisis internacional y políticas para las mipymes：desafíos y oportunidades para América Latina y Europa. EUROsociAL_ Empleo，Centro Internacional de Formación de la Organización Internacional del Trabajo，Turín，Italia.

第六章　产业关联、集群和全球价值链：为中小企业寻求应对之道

改变拉丁美洲中小企业生产率和出口能力落后的局面，必须实施有效的产业关联政策，政策工具应推动企业间和机构间合作，从而提高企业竞争力并营造出有活力、有创新精神的商业环境。拉美有丰富的产业集群、企业网和区域项目，以及中小型企业参与全球价值链的经验。然而，这些尝试的视角以及政策工具的运作方式并不总与所追求的目标相一致。

为使产业关联政策取得更大的影响，必须让政策成为国家发展策略的一部分。长期且覆盖领域广泛的政策，将向企业传递明确的信号，激发企业努力发展行业优先领域，有利于进一步协调公共政策工具，推动与私人部门支持措施的对话与共识。制度薄弱，产业政策、产业链和行业未确定优先发展的领域，措施分散，不利于互补、协调支持政策和学习，而这些是公共部门在私人部门的配合下推动此类行动所必须的。

导　　言

中小型企业构成了多种多样的企业群体的一部分。按照所从事的行业、针对的市场、加工的产品、参与宏观经济大环境的程度以及与扶持机构的联系，中小企业各具特点。

最近的二十年间，拉美各国政府都采取了多样的手段和支持方案为中小企业创造有利的商业环境，推动结构性调整，提升中小企业业绩。政府的做法主要集中于降低中小型企业的非正规性、方便融资和贷款申请、推

动管理方式和产品质量进步、引入企业发展机制和人力资源培训机制以及帮助拓展进入新市场。

国际经验表明，对中小型企业的支持行为和政策应该考虑到多个方面，其中，本章要谈及的是加强企业间合作和政府间合作的重要性。这种合作的目的是，借助充满活力和创新型的企业环境的刺激，从而提高企业的生产率和竞争力。这意味着落实产业关联政策以加强参与不同生产活动的企业间的联系。中小型企业常常是许多来自不同行业、规模大小不一的企业参与的生产链中的一部分。分析此类产业现状需要综合系统的政策视角，如果政策有助于提高企业的生产率和竞争力，能考虑到地域、行业、制度等保障公共政策质量和效率的重要因素，那就能产生巨大影响。

鉴于上述原因，本章将分析拉丁美洲产业关联政策的方方面面。首先评估拉美中小企业生产率和出口能力的落后局面，正因如此，必须实行有效的产业关联政策（第二节）；第三节定义此类政策工具并说明在拉美的实施情况；接下来在第四节专门分析中小企业如何融入全球价值链，这是全球生产过程分割产生的最复杂的产业关联且具重要性；最后总结概括拉美在此方面的经验。

拉美中小企业的产业环境、出口表现和生产率

尽管世界经济存在着全球化的倾向，经济体系还是由很不相同的经济活动构成的。虽然一部分经济活动以国际市场为交汇点、融入了充满活力的全球化，大部分经济活动依然只在有限的本地或本国市场中展开，这些市场没有完全融入全球化，甚至仍处于全球化进程之外。

总的来说，拉丁美洲的中小企业难以融入全球化经济贸易和生产潮流，大部分只参与了本地、本国或区域性的产业体系之中。这一方面是其产品特点和针对的市场类型造成的，另一方面也与经营管理能力、生产率、质量、规模、价格等因素有关。

各个经济体贸易的一体化是技术转变、产业组织和劳动国际分工的结果。这些因素推动了生产体系的迅速分割，使大型企业能将部分生产活动转移到国外，并将其中一部分委托给小型公司。不同规模的企业采取的出口策略也是不同的（Abel-Koch，2011）。大部分大型企业是直接出口的，而中小型企业在出口中所占份额很少，它们寻求通过合作伙伴计划、集团、销售团队或者市场运营商的方式，间接进入国外市场。

拉丁美洲中小企业的现状显示其全球化程度低于世界其他地区。据世界银行的资料，拉美中小企业的直接和间接出口率只及欧洲水平的一半、东亚四个国家水平的2/3（见图6.1）。总之，在拉丁美洲存在两个现实：一是主要由中小企业构成，在当地、国内和拉美地区范围内开展业务的一些企业；二是已实现全球化的企业，其中主要是大型企业。

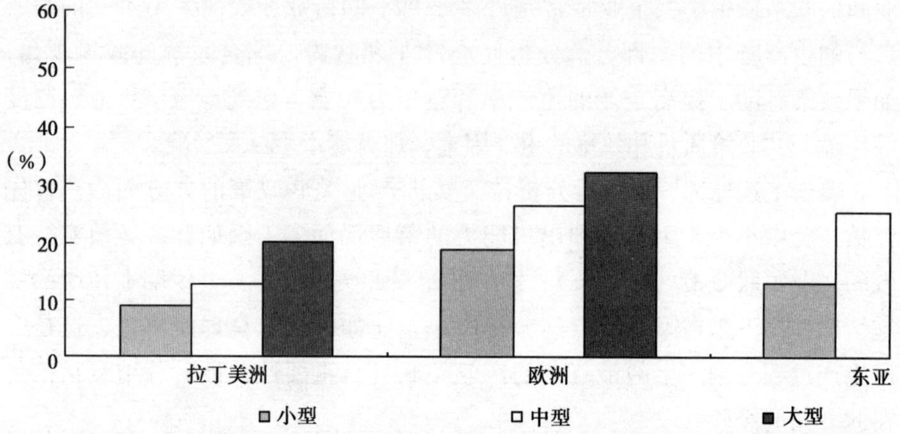

图 6.1　2009～2010 年不同地区不同规模的企业直接和间接出口情况

注：东亚包括4个国家（菲律宾、印度尼西亚、老挝民主共和国和越南），欧洲包括12个国家，拉丁美洲包括18个国家。

资料来源：根据世界银行的信息绘制（企业问卷，2009～2010）。

统计链接：http：//dx. doi. org/10. 1787/888932719409.

拉丁美洲中小型企业的现状显示其国际化程度低于世界其他地区。拉美中小企业的直接和间接出口率只相当于欧洲水平的一半，东亚四个国家的2/3

在出口市场所占份额与中小企业和大型企业间生产率的差距有关。正如第二章所述，拉丁美洲的微型、小型和中型企业平均生产率水平分别是大型企业的13%，32%和43%（与世界其他地区相比很低）。这是由于拉美企业在国际市场的参与度十分有限。世界银行的数据表明，不论直接还是间接参与出口，出口企业的生产率比那些只面向国内市场的企业增长更快。

拉美要解决生产率低的问题，需要差别化的政策，因为不同的企业（全球化企业或面向国内的企业）按照不同的逻辑运营。以下将会谈到企业类型的不同决定了必须出台设计、行动和目标等方面各不相同的产业关联政策。

产业关联：提高中小企业生产率和竞争力的方式

在这一章中，产业关联的概念包括了经济参与者之间、以增加企业竞争力并提高政府服务机构效率为目的的多种合作方式。总的来说，就是力求密切企业和政府间联系与互动的计划。在实际应用中，该定义包含多种经验尝试、计划和项目，涵盖了企业网、产业聚集、集群、工业区、发展供货商计划、领军企业、产业链和全球价值链。

产业关联的概念包括了经济参与者之间、以增加企业竞争力并提高政府服务机构效率为目的的多种合作方式

基于产业关联的扶持计划在拉美国家广泛传播，尤其自20世纪90年代后半期起。于是政府在国际组织的支持下设计和推行了大量尝试，私人部门也参与其中，国际组织相信此类措施能切实有效推动中小型企业发展。由此出现了企业联合的试验性做法，例如智利的联合发展项目（PROFO），阿根廷、萨尔瓦多的企业发展中心，阿根廷、巴西、哥伦比亚、墨西哥的外包交易所，阿根廷、巴西、智利、墨西哥的供货商发展项目，洪都拉斯的水平网络项目，秘鲁的集群和产业链项目，萨尔瓦多、尼加拉瓜、乌拉圭的集群项目，还有萨尔瓦多和乌拉圭的出口联盟，这些措施起初只为个别企业服务，后来为企业团体服务（CEPAL，2007）。这其中的有些项目中断了，不过又有新的项目涌现，例如巴西的本地产业集群计划（APL），墨西哥的产业链和领军企业计划以及萨尔瓦多的小微企业发展中心（CD-MYPE）。

推动发展产业关联得到了政治经济决策中心的认同，因为很有必要协调各项公共政策，提高私人部门在政策的讨论、设计和执行中的参与度，从而保障在公共和私人部门间达成共识，实现中长期工作前景，以及政策行动的连贯一致。企业间的合作空间有利于刺激产生竞争优势和外部性，这能巩固并促进企业的现代化进程。在公共政策受到财政限制的大环境下，将企业联合纳入中小企业发展框架中可以降低运营成本，因为这样扶持行动的固定成本就在多个受益者之间分摊，效率和覆盖面也都会提高。

为促进产业关联，拉美采用过的主要政策工具有：

（1）补贴：通过不需偿还的资源来资助改善企业竞争力的集体行动，例如智利的PROFO项目和供应商发展项目，阿根廷和乌拉圭的出口联盟计划，阿根廷和智利的由技术代理机构和技术基金领导的项目。

（2）技术援助：由专业人士提供，以支持企业联合项目的生成和落实。

（3）财政支持：与发展集体项目相关的税收优惠条件。

（4）贷款：以特殊条件发放，用于购买或使用共用资产（例如排放物处理厂、集体采购机器设备等）。

尽管项目之间有差异，措施的作用范围是局部的，因为只用于支付部分开支，且只在有限时间内配置资金。尽管大部分项目都包含不止一种政策工具，补贴和技术援助仍是推动产业关联最普遍的做法。

由于产业关联扶持政策融汇了学术研究工作的启示和国际成功案例的经验教训，超越了过于简单化视角，为在不同社会环境、制度环境、经济环境和产业环境下研究、设计和实施行动提供了创新元素。在许多成功经验中都可以观察到产业间的紧密联系，即企业间关系，劳动分工和专业化，社会和制度环境。意大利工业区以及其他地区的经验表明，区位因素在营造适宜商业环境中扮演了重要角色，并且是产生外部性的关键因素。区域不仅是企业所在的地理和行政管辖区域，从广义的视角看，也是发展的参与者和推动者进行互动的地方，在这里实现企业间合作，组织劳动的社会分工。从这个观点看，区域构成了历史和社会性建设进程的一部分。

在拉丁美洲，产业关联的做法不应仅适用于技术发展水平高、有大量当地、本国或外国工业生产企业、信息通讯技术先进或生产尖端产品的地区。在欠发达地区，产业关联战略有助于推动个体孤立的努力无法实现的发展。

产业关联可以有多种运行方式，但是为了获得积极成效，必须符合一些基本条件。此类措施必须在清晰可预见的商业环境下开展，这需要监管框架、规范和有利的宏观经济环境。产业关联无法解决那些超越了参与者行为层次的矛盾（如相对价格的扭曲），但面对更高层的决策又是十分脆弱的，这些决策不属于内部管理机制（如改变规则和监管）。此外，保障产业关联机制更好地得到实施的基本条件是：（1）将此类机制纳入产业政策和国家发展策略中；（2）政策工具的操作下放到地方，保证不同区域的受益者均被覆盖到；（3）所有参与者——尤其是公共部门的参与者——必须制定包含短期、中期和长期目标并达成共识的行动计划。

产业关联机制是生产、竞争和发展方面的缺点和薄弱之处的解决之道，多数情况下企业无法独自面对这些不利条件

产业关联机制是针对生产、竞争和发展方面的缺点和薄弱之处的解决之道，多数情况下企业无法独自面对这些不利条件。产业关联机制不应理解为封闭的、自给自足的工具，因为需要在产业集群的环境里寻求回应。在当今背景下，要做的是推动行动和资源的合作、协调和联系，建立发展与产业集群外的联系，如提供信息、技术、市场和人力资源等。虽然目标之一是创造和加强内生增长能力，进而发展集体功能（如集体学习），其潜力取决于在其他市场与外界（即产业集群之外）的成功竞争。

中小企业扶持项目的主要目的是寻找和发展资源、知识、能力交换和互补方式，并巩固便于企业间对话的信任基础。拉丁美洲的实践面临着相似的挑战，挑战关乎建立改变机制，引入新的作法，取消现有的例行程序，为共同行动创造无形资产（Dini et al.，2007；Ferraro，2010）。实践表明不同的做法所追求的目标和面临的难题非常相似（见专栏6.1）。在拉丁美洲，基本可以分为三种做法：企业网，集群和地区性发展项目。

专栏6.1　拉丁美洲产业关联的成功经验

对十多个产业关联项目的成果进行分析，这些项目通过联合以及其他合作方式以提高各行业中小企业竞争力，分别在十个拉美国家进行（阿根廷、巴西、哥伦比亚、厄瓜多尔、危地马拉、墨西哥、尼加拉瓜、秘鲁、多米尼加共和国和乌拉圭）。分析表明，这些项目在两个重要方面对政策制定有影响：推动创新和进入要求更苛刻的市场。

这些案例所专注的行业各不相同，包括初级产品生产（阿根廷科尔多瓦的山羊生产链、哥伦比亚考卡河谷的伊萨贝拉葡萄），农产品加工链（尼加拉瓜的乳制品、危地马拉的农产品商业），传统制造业（巴西、厄瓜多尔和多米尼加共和国的制衣业和家具业），采掘工业（巴西），皮革加工（墨西哥），手工业（危地马拉、洪都拉斯和尼加拉瓜）以及信息和通讯技术产业（阿根廷）。

结果证明，产业关联项目有能力达到质量和数量上的高目标。成果有：产品和工艺创新，创造产业链新功能，制度创新以及新的协调机制。至于市场准入方面，小生产者提高了销售和谈判能力，实现规模经济和范围经济，得以正规化其与客户和中间商的关系，并进入要求更严格的市场。所有这些能力都对中小企业的产量有显著的正外部性。

对这组项目的分析还得出了另外两个有趣的结果。第一个与项目的持续性相关，即采取哪些策略能让各类活动在项目运行到期之后继续开展。在这一点上，企业网络、集群和地区发展项目的战略视角不同，所取得的结果也不同。通常为保证项目的持续性所需时间是超过四年的。这引出了第二个更概念性的结果，即不同项目可以划分为三种：企业网（企业间联合行动）、集群（有政府扶持的、同一生产行业的企业间联合行动）和地区发展项目（同一地区不同的企业、公共机构和私人机构间的联合行动）。每类项目的侧重点不同，因此项目成熟所需时间、参与方、管理机制、成果受益和产生外部性等方面的结果各不相同。设计和实施政策以及提出综合性产业发展战略时应考虑以上差异，综合性产业发展战略以互补方式综合考虑三种不同的产业关联模式，以产业一体化推动企业提高竞争力。

资料来源：Dini et al.（2007）；拉美和加勒比经济委员会（CEPAL）。

企业网发展战略

企业网是一些独立企业，他们采取共同行动进行合作，以实现单独行动无法达到的共同目标。建立和巩固企业网的主角是同一行业（或相关行业）的企业集团，他们位于同一区域，以比较正式的方式联合起来以实现共同目标。所分析的拉美地区案例中有瓜纳华托（墨西哥）的皮革加工和陶器、加马拉（秘鲁）的服装加工、危地马拉、洪都拉斯和尼加拉瓜的手工艺以及多米尼加共和国的家具和制衣行业中小企业网（Dini，Ferraro y Gasaly，2007）。供应商发展项目也是企业网的范例，大规模私营企业推动与供货商网络的联系以改进生产链。这些做法可以成为公共政策的一部分，或仅依靠私营部门的资源实施。这是大企业与中小企业之间的合作关系，因此关系并不对称，在这类企业网中，等级标准居主导地位。

最常见的共同行动有：

（1）购买投入品以降低成本，或改善供货条件（送货方式、种类、质量、付款方式等）。

（2）购买咨询公司的服务以获得信息，如果企业各自行动，则无力承担咨询费用。

（3）共同销售产品以实现规模经济，并进入大规模市场（超市或出口贸易），或销售互补性产品以实现多样化经济。

（4）共同使用高成本、高效率设施和设备，小企业特别是中型企业集团可以有效利用并承担得起费用。

此类共同行动有一些显著特点：首先，由各成员制定加入企业网的规则；其次，这些组织设计和执行集体行动的目的是为了提高按照规则加入企业网成员的竞争优势。由受益企业或其代表负责企业网的管理机制。达成一致采取的共同行动可以是针对某一具体情况的，也可以是经常性的。因此，根据不同性质，成员间达成的一致意见有不同的有效期。但是推动成立企业网是中期过程，因为各方之间建立起信任是需要时间的。

对于成功产业集群的分析表明外部性以及集群内成员合作的重要性

通常企业网比较小，成员少。如果成员过多，企业间建立信任并执行共同行动的交易成本会不成比例地上升。但是，总可能存在比较大的企业网，特别是在农业和农产品加工行业。

有关产业集群和产业关联的著述表明，区位优势提供了属于企业之外，但属于产业、行业或地区内的益处（Marshall，1920）。这些外部性对于产业集群大发展意味着重要的静态优势，但还不足以应对产品和要素市场的变化。成功的产业集群懂得做出反应以应对挑战，并在国内和国际市场上竞争，对这些成功产业集群的分析研究揭示了与外部性互补的另一方面：即产业集群内成员的合作关系。企业以商榷好的共同行动建立起合作关系。集体行动的方式有两种：（1）个体企业之间的合作；（2）企业团体联合起来成立企业联合会（Schmitz，1995）。如果产业结构中存在外部性和共同行动这两个要素，可以说具有集体效率。这有助于解释为何位于产业集群中的企业更高效、更有能力提高竞争力。

推动产业集群提高竞争力的策略

虽然产业集群的概念没有统一的定义，但对其基本特征已形成共识，集群是同一行业或相关行业的企业组成的群体，与企业互动的机构也参与其中，并影响到企业的竞争力表现。在拉美地区分析了几个集群案例，有阿屯塔其（厄瓜多尔）的制衣行业，拉菲艾拉（阿根廷）的金属机械，新弗里布尔戈（巴西）内衣制造，本托刚萨维和乌巴（巴西）的家具业，琼达莱（尼加拉瓜）的奶制品，克雷塔罗（墨西哥）的航空航天业。

致力于提高竞争力的产业集群所面对的问题关乎产业内或产业链内各企业共同利益。共同行动有显著的外部性，可能产生出专业的技术服务，建立实验检测室，设立专业培训中心，应用性研究，制定产品标准，推动工业集群的典型产品。工业集群的行动旨在建立共同提高效率的机制。

共同行动的受益人是所有隶属于集群的企业和机构。必须强调的是，是否能隶属于集群不取决于集群的倡导者，而取决于企业所处的地理位置以及从事的行业。也就是说，如果企业或机构位于集群的区域或从事与集群相关的行业，可隶属于此集群，并受益于集群的共同行动。与集群所在主要行业相关的公共和私人部门组成的集体机构推动集群的共同行动。行动的成果通常在中长期显现，成员企业不可独享行动成果。

集群作为政策工具的主要局限是地区的生产体系只具有集群的部分特征，并不全面，参与者之间的关系刚刚开始建立，要想实现成功的产业关联，必须进行地区性拓展，采取地区行动和计划。

区域竞争力计划（企业网和产业集群所在的地域）

区域项目是社区成员的组织模式，以参与式机制，采取共同战略，实现集体利益以激发本地生产体系的竞争力，改善居民生活质量和就业条件。区域发展计划是指一个地区的企业和机构参与地区的经济发展进程。与集群不同，在区域计划中，行业范围不是最重要的，关键因素是地理位置以及对当地传统、价值观和准则的认同。虽然核心是生产企业，但决定了社区成员对话和共同行动能力的社会、文化以及政治因素也很重要。有时，其行动不仅利于企业网或集群中的企业，也有利于社区的全体成员（不以行业划分）。这时其行动具有公共产品的性质，目的在于提升或巩固地区内所有经济活动的竞争力。

此类举措包括土地使用规划、办学和基础教育项目、建设或改善基础设施、改善行政管理程序、减少市政手续。当地各行业和机构共同参与行动，由于此类行动具有公共产品的特点，通常由公共机构牵头。

集群作为政策工具的主要局限是当地的生产体系只具有集群的部分特征，例如，参与者之间的关系刚刚开始建立或不很发达的产业环境

此类产业关联是将行业优势和本地优势结合起来，因为在实际运行中，产业和地区这两方面融合在一起相互关联。

有的项目只关注于发展企业网，其他的项目也考虑到集群发展和当地产业体系。这导致在项目设计、实施和评估阶段以及在经验对比时都有巨大的差别。这种差别表明了不同产业融合方式的互补性。

在设计和实施阶段，采取不同的策略意味着在协调方式、治理机制、公共和私人部门的领导力、企业承诺和项目推动者动力等方面的巨大不同。在接下来的评估阶段，最大的差别在于取得成熟效果的时间以及成果的可持续性。

为确切说明企业网、集群和区域发展计划之间的互补性，必须强调两点：（1）大多数推行集群战略的项目也在内部建立了企业网；（2）多数发展地区产业体系的计划也采取行动发展集群和产业网（见专栏6.1）。

因此，企业网以及提升集群和地区竞争力的做法旨在推动不同的且互补的竞争因素：企业网产生的效益属于数量有限的企业，集群或区域计划产生的效益是公共性质的集体产品。随着战略的具体实施，企业网成员的表现发生显著改变（通常是实质性深刻的改变，但影响力有限）。集群和区域计划的受益者数量很多，是企业发展竞争力的良好机会，如果切实利用这些公共产品、服务和行动，将其纳入竞争力发展战略中，企业就能提高效率（Dini，Ferraro y Gasaly，2007）。基于以上分析，如果产业关联计划能够包含以上三种模式则会更有效。

总之，产业关联政策的成败在很大程度上取决于其适应所处地理、历史和制度环境的能力。例如，产业关联机制的集群中既有正规关系也有非正规关系。有时，位于同一区域便于更新人力资源培训，因为教育和就业体系提供了再培训和学习的机会。这是基于机构和企业效率的集体竞争优势，中小企业可以在就业市场上受益于此。在其他情况下，发展优势并从中获益需要企业扮演更积极主动的角色，直接参与构筑新的竞争力。

每个产业环境都有其历史和文化以及一系列政治—制度冲突，在设计和实施支持行动时必须考虑到这些因素

每个产业环境都有其历史和文化以及一系列政治—制度冲突，必须考虑进这些因素。并不是说没有这些冲突，集群就能取得成功。秘诀在于正确疏导冲突，让集体互动产生积极成效，让信任、良好治理、尊重共同规则、共同努力等无形资产逐渐扩展开。

迈向综合性国家政策：巴西的地方产业集群

巴西的地方产业集群政策是拉美推动产业关联最重要的案例。地方产业集群是巴西版本的工业区和集群，使集群的概念适应巴西的文化和产业条件、巴西各地的历史和制度特点以及各州的现状。这些由一个地区以相互协调却又各自独立方式从事生产活动的经济、政治和社会参与者组成的集群，其特点是企业来自同一行业，且中小企业参与度高。地方产业集群的参与者也包括支持产业发展，并提供人力资源培训、技术支持和融资的公共和私人机构，以及提供原材料，投入品和相关服务的供应商。

在巴西发展、工业和贸易部的监管下成立了地方产业集群常务工作组，

30多家有推动中小企业发展项目的公共和私人机构参与工作组。该工作组在全国范围内协调与地方产业集群支持政策相关的机构，发现其需求并利用现有的支持政策工具做出回应，或者设立振兴计划作为每个地方产业集群管理委员会制定的战略发展计划的一部分。

为执行此政策，在2004年实施的第一阶段，确定了近450个从事不同经济活动的地方产业集群。巴西小微企业支持署在一多半集群中开展工作，按照国际优良做法制定了干预方式。随后，地方产业集群数量上升到955个，包括已稳固发展的项目，刚起步的项目以及具有发展潜力的项目。覆盖的行业从农牧业到矿业、旅游业和制造业，包括传统制造业、劳动密集型和资本密集型行业，也包括创新型和技术密集型行业。因此产业覆盖范围广，包括成熟度和发展程度各不相同的多种行业。

对于地方产业集群的批评性看法认为，该政策工具追求的目标数量过多，目标从减少社会和地区不公平到技术创新，产业基础现代化、增加就业和收入、降低小微企业消亡率，增加培训，提高竞争力和生产率，以及增加出口。自实施该计划以来已经过去了一段时间，但由于缺少政策对企业的影响数据，所以很难分析量化的成果。

巴西发展、工业和贸易部召开了五次地方产业集群全国大会，与常务工作组相关机构共同分析政策工具实施进展情况。在2011年巴西利亚举行的最近一次大会上，决定在四个领域继续推进。首先，确定推动宏观政策和全国项目（更伟大的巴西、没有贫困的巴西、地方发展的国家政策等）的地区化，以及与州和地方在产业集群政策方面的关系。新一代的政策工具需要测试其影响机制，宏观政策、州和地方政策、当地私人部门做法之间的关联度，将生产体系的需求和机会具体化。关键是以可持续发展的视角，尝试能使政策干预适应当地具体特点的模式。这需要将具体情况分类（有大量投资的产业体系、充满活动的体系、陷入停滞的体系以及弱小的体系），以便有区别地进行合理干预。

其次，力求稳固和提高产业链密度，必须尝试不同的机制，以利用大规模投资或全球价值链提供的商业机遇，以持续创造更多本地附加值，提高就业、收入，利用规模经济和市场准入。要设计新的政策工具，必须发现阻碍经济主体完全参与价值链的瓶颈在哪里，从而给出有针对性的解决方案。

第三，必须推动政府采购体系以及对地方发展的拉动作用。有必要帮助全国和地方政府将小微企业纳入招标过程，让小微企业更直接地为地方提供商品和服务。为通报新政策制定进程，必须保证政策和政府采购符合规模特点、高质量供货的能力、信贷、风险偏好、流动性以及限制小生产者供给能力的局限，此局限性有可能导致小生产者被排挤出市场。

巴西地方产业集群政策是拉美最重要的推动产业关联的案例。此政策包括在广泛多样的行业中已稳固发展的或具有发展潜力的项目

最后，必须推动集体商业，利用集体行动的优势，在私人企业间进行生产、分销和零售。在这个过程中可以交流能改善企业竞争力的知识和做法。要利用这些模式可以实现的优势以及经济规模，必须尝试不同的方式以激励集体行动，减少协调成本以及生产商网络密度不足等阻碍。

巴西的地方产业集群经验丰富多样，表明巴西有能力在不同机构间设计趋同政策，强调协调行动，以利用协同效应为企业创造更多益处。这些地方产业集群构成了产业发展政策、科技政策以及扶持中小企业政策的相互联系。

迈向联合战略的更高阶段：将联合模式引入全球价值链

随着全球化发展趋势的深入，出现了一体化的国际生产体系、全球产业链以及全球价值链等概念（UNCTAD，2002；Gereffi et al.，2001）。中间产品和服务占全球商品贸易的56%和服务贸易的73%，这表明成品在世界贸易中比例小（Miroudot et al.，2009）。虽然拉美参与国际生产体系的程度不及亚洲和欧洲，但与亚洲和北美自由贸易区的贸易往来在增加。上述国际生产结构的变化其原因在于信息和通信技术的快速发展，降低了协调、物流和业务跟踪成本。在商品运输成本下降、贸易开放以及外国直接投资增加的同时，签署了双边和多边协定，同时伴有地区一体化进程和投资协定。这些因素推动了全球价值链参与者——跨国企业——重新定义企业全球战略。生产过程的分割为拉美中小企业，特别是在有限的本国市场开展业务的中小企业，提供了新机遇以及进入市场的挑战。

全球价值链一体化的益处

参与全球价值链有很多益处，如有助于实现出口多样化，创造新的就业机会，以及学习国际上更好的作法以提升科技能力。此外，一体化对提高效率或生产率有以下潜在益处（UNIDO，2004）：

（1）提升企业生产过程的效率（工艺升级）；

（2）参与更高端的产品生产线（产品升级）；

（3）功能改善，在价值链引入附加值更多的新功能（功能升级）；

（4）行业间升级，将集群扩展到新的生产领域。

然而，企业获得益处的程度各不相同，从拉美的角度分析全球价值链的益处和挑战，必须考虑到企业的规模和特点、产品和服务的类型以及各国的制度框架，这些因素决定了价值链运行中基本的特征和关系。

由于此结构的高度复杂性，中小企业从中获益的程度差别很大。参与全球价值链通常意味着对企业的质量要求提高，而且参与企业之间的关系复杂。参与全球价值链的产业集群可以在集群内发生水平关系，并同时在价值链内与其他企业发生垂直关系，因此从本地以及全球获得了更多提升竞争力的源泉。然而，有关著述显示，不管是单独参与还是作为地方集群的成员，中小企业参与全球价值链并不能保证提高生产率水平、取得更高附加值或者实现生产工艺创新（Humphrey，2004）。

治理结构的重要性以及全球价值链行业

Humphrey y Schmitz 有关产业链的研究表明，取得的益处差别很大（Humphrey y Schmitz，2000 y 2002）。在其分析中，治理的概念（领导力）是关键，因为在产业链的任何一点上，都需要一定程度的管理或协调以决定生产什么（产品设计）和如何生产（生产工艺流程、技术和质量）。

产业链的治理关系对于中小企业能否获得上述益处有着至关重要的作用。根据其等级特点，可以划分出四种类型的价值链，从领导者控制程度最低的价值链（市场关系）到完全等级化的价值链，此类价值链中领导企业在内部负责价值链的运作。在这两种极端的情况之间还有两类中等程度的产业链，在发展中国家中非常重要。首先，企业网产业链，其特点是企业间相互依存，合作程度高，信息交流密切。只要有一定程度的竞争，就有利于本地企业改善经营。另一种是准等级制的价值链，价值链的领导企业控制生产过程，这么做有时是因为对本地企业是否有能力达到价值链要求的质量标准存在疑虑。参与准等级制的价值链有利于当地企业改善生产工艺或产品，但也使功能升级更加困难（Humphrey y Schmitz，2000）。这两种情况与地区和全国范围的产业关联有高度相似性，但要求标准和复杂程度更高。

有关产业链的研究强调治理（领导）概念的重要性，因为在产业链的任何一点上都需要一定程度的协调，以决定生产什么（产品设计）和如何生产（工艺流程规范、技术和质量）

案例研究提供的证据揭示了领导、行业和企业利益之间的关系。Pietrobelli et al.（2006）研究了拉美35个集群的经验。其研究显示，因行业不同、价值链治理不同以及集群内学习模式不同，集体效率水平和提升差异很大。在一些集群里，如智利南部的三文鱼集群，私人部门和公共机构（智利基金会）的合作推动了集体效率的提高、产品和工艺的改善、功能和行业间升级（在三文鱼高需求的支撑下，这些改善都是通过集体学习实现的）。墨西哥奇比罗的家具行业集群等案例显示，与需求下降有关的企业如果处于主导地位，将导致集体效率下降，减少改善的机会。为此制定了一些行业参数指导小企业获得提升的可能性（OECD，2013）。首先，在技术复杂程度通常较低的传统制造业，环境有利于本地企业在集群里以交换隐性知识的方式获得知识。在技术要求高的行业里（运输设备、航空、通讯、电子等）这种可能性大幅下降。参与这些行业需要先期积累知识和技术，这阻碍了小规模企业积极参与这些行业的价值链。最后，在与自然资源相关的行业，如果资源在地理位置上非常集中，价值链领导者可以发现刺激当地企业提高效率的激励措施。

表 6.1 集群融入全球价值链案例

集群	产品	行业	集体效率水平	产品升级	工艺升级	功能升级	行业间升级	全球价值链治理
西诺斯河谷巴西	皮鞋	制造业	高	3	3	1.5	0	市场 准等级制
瓜达拉哈拉墨西哥	皮鞋	制造业	中	2	2	1	0	准等级制
奇比罗墨西哥	家具	制造业	低	2	2	1	0	市场
科尔查瓜智利	葡萄酒	自然资源	中	3	3	0	0	市场
南部地区智利	三文鱼	自然资源	高	3	3	2	2	网络 准等级制
博阿科和琼塔莱斯省尼加拉瓜	奶制品	自然资源	中	2	2	2	0	准等级制
圣卡塔琳娜州巴西	苹果	自然资源	高	3	3	0	0	准等级制
华雷斯墨西哥	汽车	复杂产品	中	3	3	2	0	市场 准等级制
圣何塞哥斯达黎加	信息通信技术（INTEL）	复杂产品	低	3	3	1	0	市场
圣埃斯皮里图巴西州	冶金	复杂产品	中	2	3	0	0	准等级制

注：范围从 0-无到 3-高水平。

来源：Pietrobelli，C. y R. Rabelloti，y Elisa Guiliani. 在全球价值链升级：拉美集群的经验教训(2006)。

对于集群经验的回顾证实了参与全球价值链获得的益处与价值链类型——特别是治理和行业——有关。因此，公共部门的角色对于推动中小企业参与价值链并帮助企业获得益处至关重要。

公共部门在中小企业参与全球价值链中的作用

集群参与全球价值链没有统一的方式，不过公共部门在创造适宜条件方面作用突出。此类做法的一个例子是墨西哥联邦区的软件集群：蒙特雷高等技术学院和莱昂大学专门为大学和企业设立了培训计划。公共部门还可以成立商业联合会或提供服务以推动企业之间的联系，智利三文鱼集群即是此类案例。智利基金会向外国私营部门购买了养鱼场设施，成立智利三文鱼生产者协会，这些做法有助于集群的发展。公共部门也可以帮助企业巩固在价值链中的位置。例如智利和墨西哥实施供货商发展计划，政府可以提升中小企业实力，改善生产率提高销售量，同时为大企业提供稳定合格的供货商（IDB，2011）。公共部门可以向中小企业提供国外市场以及国内价值链的信息。支持中小企业参与 ISO 等国际认证，也有助于企业加入价值链。

拉美多数国家有政策工具帮助中小企业进入国外市场。有的是孤立的政策，有的构成综合性战略，包括与外国企业家建立联系，提供咨询和市场调研服务，提供融资等。专门的对外贸易促进机构或者为出口提供融资的开发银行，表明政府力求推动中小企业走向国际市场。

集群参与全球价值链没有统一的方式，公共机构在创造适宜条件方面扮演着重要的作用，例如，推动企业间的联系，成立商业联合会，提供服务，促进集群的发展

但多数情况下这些战略是不完整的，或者没有足够的资金支持。而且中小企业的情况各不相同，虽然只有很少的一部分企业有能力进入国外市场，必须实施专门的战略促进这些企业的成长。采取的战略应该是全面的，不仅包括为企业提供贷款，还应包括技术支持，并且与推动中小企业提高本地竞争力的政策协调一致。

政府应该发挥积极作用推动中小企业国际化，为企业出口提供方便和支持，并采取更广阔的国际化视角，让企业参与面向国外市场的产业网。有利于外贸的行政便利条件很重要，但还不够。简化办事手续和改善交通物流等措施之外，还应补充培训计划，支持有实力寻找市场空隙和市场机遇、实现质的飞跃并提高生产率和竞争力的出口型中小企业，这些政策工具和计划如能构成产业发展政策和国际化发展战略的组成部分，其作用将更大。

专栏6.2　推动本地供应商加入全球价值链：必和必拓－智利国家铜业公司案例

智利矿业正在发生国家集群参与全球产业价值链的具体案例，智利当地企业实现了国际化，改善了生产率。这个项目最初是由矿业跨国企业必和必拓实施的，之后智利国家铜业公司也加入了，项目旨在提高作为供应商参与铜矿业的本地企业的生产率和效率。

项目针对智利矿业集群，集群位于智利中部和北部，有3 000多家企业。这些企业差异性很大：有大型采掘企业（其中包括8家跨国企业和智利国家铜业公司），为采掘提供支持的企业（设备、工程服务、运输等），包括80家跨国企业和规模不等的本地企业。

铜矿市场的需求以及必和必拓在智利La Escondida铜矿持续的开采生产活动，推动必和必拓公司创立了供应商计划。La Escondida是世界上最大的铜矿，2010年产量达到10.7 800亿吨，占全国产量的21%。另外，智利矿业生产成本从2000年代中期持续上升。

生产工艺技术培训、设定提高产品和服务质量目标、为改善企业管理提供咨询服务。通过以上行动，供应商计划为本地参与企业提供了提高效率和竞争力的机会。项目的最终目标是让250家供应商在2020年达到国际质量标准，提高竞争力，扩大国际化的可能性。

按照本节的分类方法，矿业集群企业与必和必拓跨国公司之间的等级关系为中等，相当于准等级制。鉴于主导企业与价值链内其他企业之间的相互依存关系，必和必拓的案例可以确定为企业网关系。这种依存关系是由产业链的行业特点决定的：采掘业中产业链领导企业改变地理位置（并与其他企业建立关系）的可能性很小，因为这取决于是否蕴藏自然资源。

必和必拓项目的目标是，改善供应商已经在产业链中从事业务的效率（当然也有提升产品的情况）。由于价值链属于自然资源产业，最终产品是铜，这限制了价值链的“长度”以及产品升级或产业间升级的可能。而且更重要的是，将铜变成铜的衍生品所需要的能力和技术与采掘技术几乎没有相关性。

虽然尚无法评估该项目的成果，但可以看到，参与企业在生产工艺和企业管理方面绩效提高。2011年生产促进集团（CORFO）加入该项目，可预计将对供应商链产生更大影响，更多的企业和机构加入，公共政策也更多参与进来，将对其他行业和产业产生溢出效应。

资料来源：根据对必和必拓和智利国家铜业公司的采访整理。

拉美地区实践的成果和教训

最近二十年，拉美以企业合作机构合作等方式推动产业关联，以改善企业竞争力，创造充满活力有创新氛围的商业环境，吸引更多中小企业加入。拉美取得了一些经验并在几乎所有国家推广创新型政策工具。

产业关联机制是推动不同形式的关联（如集群、企业网、地区项目和全球价值链），其政策工具的目标多种多样，如降低交易成本，克服参与者之间协调失灵以及缺少信任的问题，为企业提升能力和国际化提供便利。拉美的经验丰富，可以分析其成果，并汲取教训，以利于政策制定。

拉美国家的一个严峻挑战是如何将成功案例转变为实施有效的政策。因此必须克服对概念的疑虑和模糊不清，明确所想要推动的东西，从而保障目标和行动方式更具一致性。

要想使产业关联政策产生更大的影响力，必须将产业关联政策纳入国家发展战略中。由于国家发展战略是长期政策且覆盖领域广泛，传达的信号更明确，可以更激发企业的干劲用于行业优先考虑的目标，在公共政策工具与私人支持举措之间实现更高的协调、对话和共识。如果制度薄弱，想法各不相同，产业政策和产业链没有优先发展目标，将极大影响扶持政策和制度学习之间的互补与协调。

从培养制度能力的角度看，政策环境以及支持机构的质量决定了成功经验是否能延续，是否能产生学习效果。有时政策和制度变化改变了执行期限，影响项目的延续性，以及当地合作伙伴的技术团队，这一切都将影响学习经验的积累。

由于地方产业集群在全国大部分地区都得到了支持，巴西成为拉美地区制度发展和政策延续最显著的案例。在巴西发展、工业和贸易部的推动下，2004年正式实施此政策，巴西发展部协调一个由30家产业促进机构组成的网络，这30家机构组成了地方产业集群常务工作组。

在拉美大多数案例中，公共部门是此类经济活动的重要推动者，并提供扶持性政策工具。公共机构直接参与项目的执行，或者通过中间人或联络机构间接参与，改善公共资金的配置，力图纠正实施过程中的失误。在由政府部门、中间人和最终受益者组成的三级结构中，中间人为政府提供的激励政策进行协调，以便利管理并使项目取得成功。

拉美国家的一个重要挑战是如何从取得成功案例跨越到实施有效措施。要想使产业关联政策产生更大的效果，必须将政策纳入国家发展战略中

对拉美经验的分析显示，此类举措需要比较长的成熟时间才能清晰体会到益处，特别是涉及企业文化根深蒂固的行为和表现时（Ferraro，2011；Dini et al.，2007）。必须长期坚持这些做法并扩大企业参与，以及有必要的制度约束和技术支持。

此外，已经证实在设计和实施产业关联政策时必须考虑到三个不同时间：（1）在各方之间达成一致、设计和批准措施所需要的政策时间；(2) 项目持续的时间（通常为二至三年，最多四年）；（3）企业时间。由于生产和市场的要求，企业时间通常短很多，不一定与前两个时间一致。

引用的研究成果显示，一旦取消补贴，依靠收入或合作方的出资，不能保障措施持久执行，因此必须具有长远战略性眼光，将实现短期成果和长期成果结合起来，并需要公共和私人机构更广泛的承诺和参与。

随着产业关联的发展，出现了技术和职业培训的新需求。这对于公共政策提出了要求。一方面，产业集群项目的实施需要提供尚未进行或市场上无法获得的技术服务和专业咨询。一个重要的成果是将科研机构、大学和优秀的中心纳入，以提供支持服务。虽然拥有知识和高质量设施，由于文化和监管的原因，这些支持性机构通常没有完全与产业接轨或融入生产活动。政府应努力将科研技术机构纳入产业关联中，以求推动、扩大提供支持性服务的基础设施。

另一方面，产业关联政策必须满足产业集群治理和管理机制的新需求，雇佣经理人、项目执行人。这表明只有财政资源是不够的，必须辅以集体管理能力和团队决策力，真正实现互补和协调行动。缺少学习的过程表现为专业人力资源不足，只有不断试验才能提高管理能力克服这一缺陷，这又给产业集群增加了时间压力。

为了持续积极正面地改善中小企业境况，必须继续推行改善项目实施、跟踪和评估体系的公共政策

政策、项目和产业关联工具是有多重潜在效果的公共行动方式，因为不仅可以应对企业集团或行业的生产率和竞争力挑战，而且也有利于加强与竞争力和企业发展相关的其他因素。很多产业集群按照计划实现了目标和成效，作为一种无形的集体产品，也出现了公共政策和公共－私人联系的协调进程，并且以不同的风格、速度和特点决定了产业和机构间互动的新模式。

为持久积极正面地改善中小企业境况，必须继续推行改善项目实施的公共政策，并在各个机构、各实施层次及政府部门行动领域建立机构协调机制。同时还辅以私人部门对于中小企业发展的推动措施，建立对话和共识，使扶持战略超过一个政府的任期，让项目具有延续性，机构具有更强的实施计划和学习能力。产业集群之前的历史不是中性的，治理和代表机制可能是产业关联战略的核心。拉美扶持中小企业发展的丰富经验可以转化为良好做法的有形资产，以进一步实现整体综合协调的扶持模式。

【参考文献】

[1] Abel-Koch，J.（2011）"Firm Size and the Choice of Export Mode"，Discussion Paper No. 1105，Gutenberg School of Management and Economics，Mainz，marzo.

[2] Banco Mundial（2012），Encuentas de Empresas.

[3] CEPAL（2007），"Cinco piezas de política de desarrollo productivo" Serie Desarrollo Productivo，No. 176，División de Desarrollo Productivo y Empresarial，Santiago de Chile.

[4] CEPAL/OEA/BID（Comisión Económica para América Latina y el Caribe/

Organización de los Estados Americanos/Banco Interamericano de Desarrollo）（2011），“Experiencias exitosas en innovación，inserción internacional e inclusión social：Una mirada desde las pymes”，（LC/L. 3371），Santiago de Chile.

[5] Dini，M.，C. Ferraro y C. Gasaly（2007），“Pymes y articulación productiva. Resultados y lecciones a partir de experiencias en América Latina”，Serie Desarrollo Productivo No. 180（LC/L. 2788-P），Comisión Económica para América Latina y el Caribe，Santiago de Chile.

[6] Ferraro，C.（compilador）（2010），Clusters y políticas de articulación productiva en América Latina，CEPAL - FUNDES，Santiago de Chile.

[7] Humphrey，J. y H. Schmitz（2010），“How Does Insertion in Global Value Chains Affect Upgrading in Industrial Clusters?” Regional Studies，junio.

[8] Humphrey，J. y H. Schmitz（2002），“Developing Country Firms in the World Economy：Governance and Upgrading in Global Value Chains”，INEF Report，Institut für Entwicklung und Frieden der Gerhard-Mercator-Universit? t Duisburg，Duisberg.

[9] Marshall，A.（1920），Principles of Economics，Mc Millan and Co.，Londres.

[10] Miroudot，S.，R. Lanz y A. Ragoussis（2009），Trade in Intermediate Goods and. Services，OECD Trade Policy Working Papers，No. 93，OCDE，París.

[11] OCDE（2013 forthcoming），Mapping Global Value Chains，OCDE，París.

[12] Pietrobelli，C. y Roberta Rabelolotti（editores）（2006），Upgrading to Compete. Global value chains，clusters and SMEs in Latin America，Banco Interamericano de Desarrollo（BID），Washington，DC.

[13] Schmitz，H.（ed.）（2004），Local Enterprises in the Global Economy：Issues of Governance and Upgrading，Edward Elgar Publishing，Cheltenham.

[14] Schmitz, H. (1995), Responding to Global Competitive Pressure: Local Co-operation and Upgrading in the Sinos Valley, Brazil , Institute of Development Studies, University of Sussex, Brighton.

[15] UNIDO (2004): "Inserting Local Industries into Global Value Chains and Global Production Networks: Opportunities and Challenges for Upgrading", UNIDO, Viena.

译者后记

根据中国社会科学院拉丁美洲研究所与经济合作与发展组织发展中心达成的协议，自2008年起，由拉丁美洲研究所组织中文翻译、出版发展中心的年度报告《拉丁美洲经济展望》（自去年起，联合国拉丁美洲和加勒比经济委员会也参与报告起草），并于每年5月在拉美所举行的国际论坛上发布。为此，拉丁美洲研究所成立了专门的项目小组，由本人负责协调该项目的策划、组织、执行和对外联络，包括国际论坛的组织工作。

《2013年拉丁美洲经济展望》翻译小组由刘波、方旭飞、刘嘉璐、朱晓金、高静和李婕组成，具体分工如下：刘波负责序言、致谢、概述和第一章，方旭飞负责第二章，刘嘉璐负责第三章，朱晓金负责第四章，高静负责第五章，李婕负责第六章。另外，黄乐平负责封面和封底的翻译和编排，武小琦对全文进行了编排整理，本人根据西班牙语版对全书进行了最终统校。

在本报告中文版的翻译和出版过程中，拉丁美洲研究所领导非常重视，并多次开会进行专项研究，郑秉文所长还专门看了部分章节的译稿；拉美所科研处的全体同志也给予了大力支持，承担了相当一部分的外联工作；出版社的编辑和排版公司的技术人员也为本书的按时出版付出了辛勤的劳动。本人在此对他们表示衷心的感谢。

但是，由于时间紧、专业性强，书中的错误也在所难免，敬请各位读者谅解。

吴国平

2013年2月18日